Weihnachtliches Makramee

Inhaltsverzeichnis

Vorwort ... 7
Materialkunde ... 8
Tipps zum Start ... 10
Grundlegende Knoten ... 12

Weihnachtliche Tischdeko ... 17

Makramee Adventskranz ... 18
Stehendes Bäumchen ... 22
Makramee Serviettenring ... 24
Kleines Windlicht ... 27
Farbenfrohe Glasmarkierer ... 30
Kleiner Tischläufer ... 32
Dreieckige Untersetzer ... 34

Weihnachtliche Geschenke ... 37

Schönes Flaschen-Leibchen ... 38
Tassel Geschenkanhänger ... 42
Geknüpftes Lesezeichen ... 44
Schlüsselanhänger ... 47
Kleiner Tannenbaum ... 50
Praktischer Fotohalter ... 53

Weihnachtliche Dekoration ... 57

Adventskalender Girlande ... 58
Hängendes Windlicht ... 62
Stillvolles Ornament ... 65
Makramee Engel ... 68
Makramee Sternenornamente ... 72
Filigrane Schneeflocke ... 75
Oh Tannenbaum ... 78
Ornament mit Ton ... 82
Flauschiger Adventskranz ... 84
Stilvoller Lampenschirm ... 86
Tannenbaum Ring ... 89

Impressum ... 92

Vorwort

Makramee ist zurzeit in aller Munde und das zurecht! Die kunstvollen Makramee-Kreationen sehen nämlich nicht nur toll aus, die Knüpftechnik hat auch einen richtigen Suchtfaktor! Kein Wunder, dass Makramee immer wieder begeistert. Das traditionelle Knotenhandwerk aus dem Orient kann bis 3500 v. Chr. zurückverfolgt werden. Knoten haben schon in der Menschheitsgeschichte eine wichtige Rolle gespielt, sei es um Netze herzustellen, Fallen zu bauen oder Felle zusammenzuknoten. Später wurden Kleidung, Schmuck und Ornamente aus verschiedenen Knotenmustern angefertigt.

Die Knoten und ihre Muster haben sich mit der Zeit immer weiterentwickelt, sodass mit verschiedenen Kombinationen unterschiedlicher Knoten eine große Anzahl an Variationen geknotet werden können, von einfach bis aufwendig, von einigen Zentimetern bis einigen Metern.

In diesem Buch zeige ich Ihnen, wie Sie zeitlose und gemütliche Weihnachtsdekoration, Weihnachtsgeschenke und eine weihnachtliche Tischdekoration mit Makramee knoten können. Erleben Sie eine entspannte Weihnachtszeit, in der Sie sich ganz der meditativen Knotentechnik hingeben können und zaubern Sie Ihren Liebsten mit selbstgemachten Geschenken ein Lächeln ins Gesicht.

Wenn Sie Gefallen an der Knotentechnik gefunden haben, probieren Sie gerne eigene, neue Muster und Variationen aus. Sie werden schnell merken, dass Ihrer Fantasie keine Grenzen gesetzt sind.

Viel Spaß beim Knoten

wünscht Ihnen

Josephine Kirsch

Materialkunde

Garne unterscheiden sich je nach Material und Herstellungsprozess. Die verschiedenen Garne eignen sich für unterschiedliche Projekte und Vorlieben. Außerdem können Sie je nach Herstellungsprozess auch unterschiedlich leicht verarbeitet werden.
Zum Großteil kommen Baumwollgarne beim Makramee Knoten zum Einsatz. Alternativ können Sie aber auch andere Naturgarne ausprobieren, wie z. B. Hanf- oder Jutegarne.
Je nachdem wie das Garn hergestellt wird, unterscheidet man zwischen geflochtenen und gezwirnten Garnen. Letztere gibt es als einfach und mehrfach gezwirnte Garne. Geflochtene Garne neigen weniger stark dazu, sich aufzudrehen als gezwirnte Garne.
Mit der Zeit entwickelt aber jeder seine eigenen Vorlieben. Probieren sie am besten verschiedene Garne aus, um die unterschiedlichen Eigenschaften kennenzulernen.

Gezwirntes Garn

Bei gezwirnten Garnen sind die einzelnen Fasern ineinander verdreht. Bei einfach gezwirnten Garnen werden mehrere Fasen nur einmal miteinander gezwirnt, weswegen sie auch stärker dazu neigen, sich aufzudrehen, wohingegen bei mehrfach gezwirnten Garnen die Fasen zu mehreren Strängen gezwirnt und anschließend die Stränge ineinander verdreht werden, sodass sich diese Garne zwar aufdrehen, aber nicht so stark wie bei einfach gezwirntem Garn.
Ist das Ausfransen der Enden gewünscht, greift man zu solch gezwirntem Garn. Dieses Garn ist aber unter Umständen auch schwieriger zu verarbeiten, da sich die einzelnen Fasern leicht verknoten und herauslösen können, sodass ein ungleichmäßiges Knotenbild entsteht.
Außerdem neigen flächig aufgekämmte gezwirnte Garne dazu, sich nach einiger Zeit wieder zurückzudrehen, sodass die Fransen immer wieder nachträglich in Form gekämmt werden müssen. Dem kann man aber mit Fixiermitteln wie z. B. Haarspray entgegenwirken.
Da sich mehrfach gezwirnte Garne weniger stark aufdrehen, sind sie besser für Anfänger geeignet.

Sollten Sie das Aufdrehen der Enden beim Knoten stören, kleben Sie es dünn mit (Krepp-)Klebeband ab.

Geflochtenes Garn

Bei geflochtenen Garnen sind dünne Stränge aus Fasern ineinander verflochten, wodurch sich diese Sorte Garn nicht aufdrehen, sondern nur ausfransen kann.
Durch das nur minimale Ausfransen der Fäden beim Knoten ist dieses Garn sehr gut für Anfänger geeignet. Außerdem erhält man ein gleichmäßiges Knotenbild, dadurch dass sich eher seltener einzelne Fasern lösen.
Auch wenn geflochtene Garne schwerer aufzukämmen sind, eignen sie sich vor allem für flächiges Ausfransen besser, da sich die Fasern tendenziell weniger in ihre alte Form zurückdrehen.
Geflochtene Garne sind aufgrund ihrer Beschaffenheit tendenziell elastischer als gezwirnte Gar-

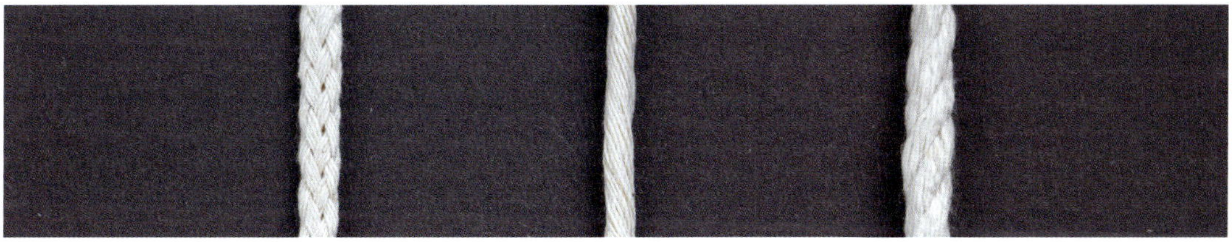

ne. Diese Besonderheit von geflochtenem Garn sollte man beim Zuschneiden der Fäden berücksichtigen. Daher sollten Sie beim Zuschneiden darauf achten, das Garn nicht zu straff zu halten, da Sie sonst Ihr Garn kürzer zuschneiden als gewünscht.

Hilfsmittel

Es gibt ein paar Hilfsmittel, die einem beim Knoten schöner Makramee-Projekte das Leben erleichtern. Zusätzlich zu den hier näher erläuterten Hilfsmitteln, benötigen Sie ein Maßband.

Scharfe Schere

Eines der wichtigsten Hilfsmittel ist eine scharfe Schere. Wenn Sie gerade Ihre ersten Makramee-Kunstwerke knoten, reicht eine scharfe Bastelschere. Sollten Sie an dieser Technik Gefallen gefunden haben, empfehle ich eine Stoffschere zu verwenden, die erfahrungsgemäß teurer sind als Bastelscheren. Wichtig ist, dass Sie Ihre Stoffschere pflegen und damit wirklich nur Stoffe und Garne zuschneiden, damit sie auch lange scharf bleibt.

Kreppklebeband

Kreppklebeband (Malerkrepp) ist ein Allrounder und mein täglicher Begleiter beim Knoten. Sie können natürlich auch normales Klebeband verwenden, allerdings hat Kreppklebeband einen entscheidenden Vorteil zu regulärem Klebeband: Kreppklebeband lässt sich nämlich leicht und ohne Rückstände entfernen und man kann es reißen, anstatt es zuschneiden zu müssen.
Es eignet sich z. B. auch zum Befestigen des Trägermediums beim Knoten, sei es ein Ring, Ast/Holzstab, Garn oder Karabiner. Außerdem ist es eine große Hilfe beim Knoten mit gezwirnten Garnen, die sich gerne beim Knoten stark aufdrehen und beim Auffädeln von Perlen, da das Garn häufig dicker als das Perlenloch ist.

Kamm/Bürste

Bei Makramee werden Fadenenden als Finish gerne aufgekämmt. Je nachdem mit welchem Garn man geknotet hat, kann es ganz leicht von der Hand gehen oder etwas Zeit in Anspruch nehmen.
Bei gezwirnten Garnen reicht normalerweise ein Kamm. Bei geflochtenen Garnen eignet sich je nach Länge der Enden eine Tierhaarbürste mit Metallborsten noch besser.

Wenn sich beim Kämmen einzelne Fasern verknotet haben, hilft es, diese mit einer Nadel aufzudröseln.

Kleiderstange

Eine Kleiderstange lohnt sich vor allem, wenn Sie Gefallen an Makramee gefunden haben und auch in Zukunft weitere Projekte anfertigen möchten.
An einer Kleiderstange können Sie vor allem größere Projekte an S-Haken hängen, um so komfortabel und rückenfreundlich knoten zu können.

Tipps zum Start

Befestigung zum Knoten

Es gibt verschiedene Möglichkeiten, das Makramee zum Knoten zu befestigen, damit Sie genügend Widerstand beim Knoten haben.
Sie können einen Holzstab, Ast oder Ring mit (Krepp-)Klebeband auf den Tisch kleben oder mithilfe von S-Haken an einer Kleiderstange, Schrank oder Tür hängen.
Vor allem bei kleineren Makramee-Modellen bietet es sich bei Ringen oder Karabinern an, sich eine Konstruktion aus einem Holzbrett und einem Nagel anzufertigen. So können Sie den Ring an den Nagel hängen und diesen als Widerstand nutzen.

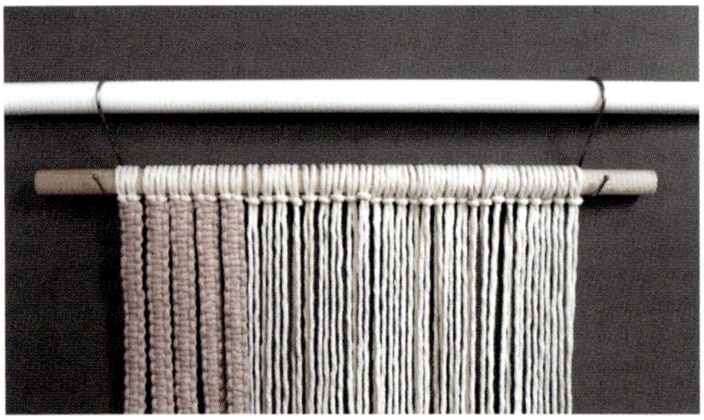

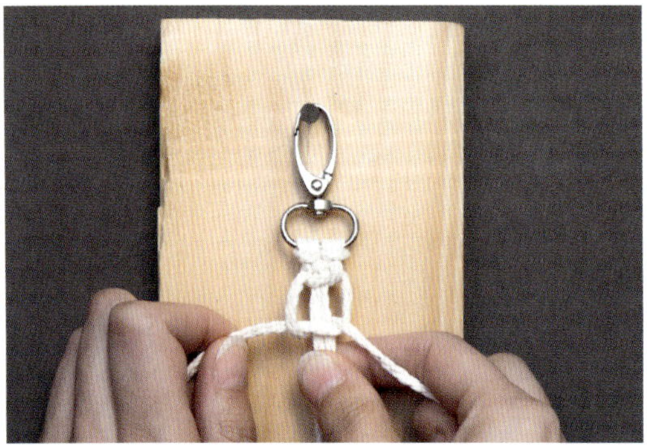

Mit langen Strängen knoten

Wenn zu lange Stränge beim Knoten stören, gibt es eine einfache Möglichkeit, sie zu kürzen. Legen Sie dazu die Strang-Enden mehrfach zusammen und setzen Sie einen Knoten oder binden Sie die Enden mit einem Gummi zusammen.

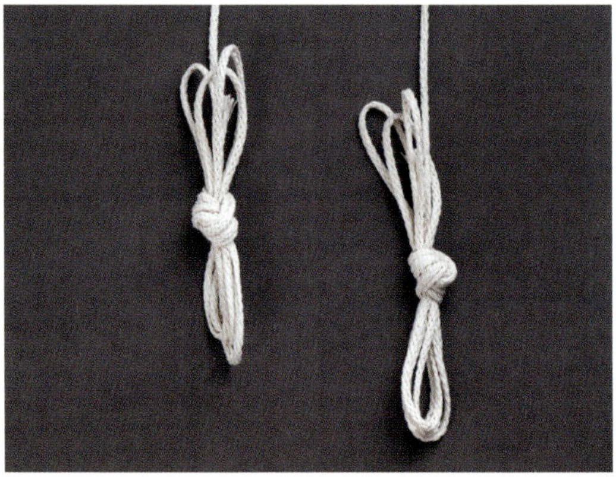

Garnreste verwerten

Garnreste ab 40 cm Länge, lohnen sich aufzuheben. Sie können diese für andere Makramee Projekte verwenden, z. B. zum Aufhängen eines Wandbehangs, als Fransen oder für kleinere Projekte.

Perlen auffädeln

Perlen und Kugeln auffädeln kann eine Herausforderung sein, je nachdem wie dick das Garn ist und auf wie viele Stränge man die Perle auffädeln möchte. Kleben Sie den unteren Teil des Strangs eng mit etwas Kreppklebeband ab. Wenn Sie die Perle auf zwei Stränge auffädeln möchten, kleben Sie beide Stränge zusammen ab. Mit einer Drehbewegung bekommt man die abgeklebten Stränge noch einfacher durch das Perlenloch.

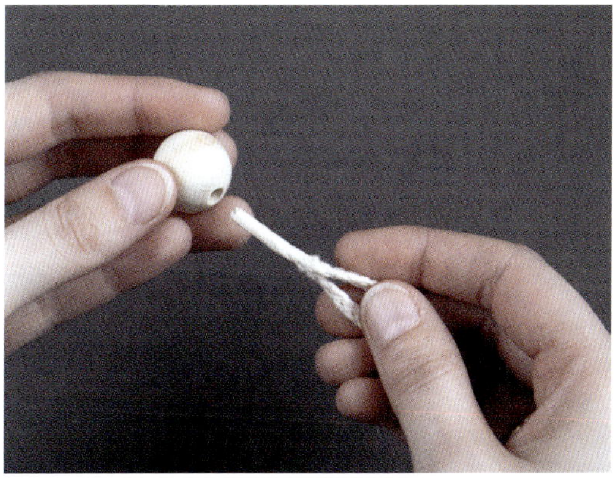

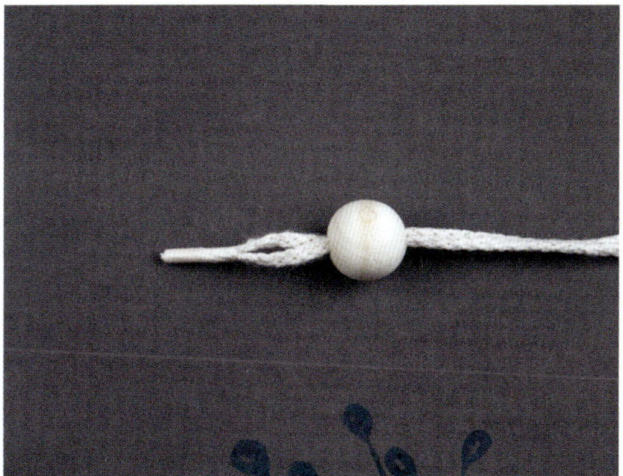

Äste vorbereiten

Möchten Sie an selbstgesammelten Ästen knoten, legen Sie diese unter Beobachtung bei ca. 70–80 °C in den Ofen, damit sie trocknen und mögliches Ungeziefer abstirbt. Klemmen Sie einen Holzlöffel in die Ofentür, damit die Feuchtigkeit abziehen kann. Holen Sie die Äste raus, wenn sie durchgetrocknet sind. Vor dem Knoten bietet es sich an, die Äste von Rinde zu befreien und abzuschleifen z. B. mit einem Multifunktionswerkzeug oder per Hand mit Schmirgelpapier. Beim Schleifen zum Schutz der Atemwege immer eine Staubschutzmaske tragen.

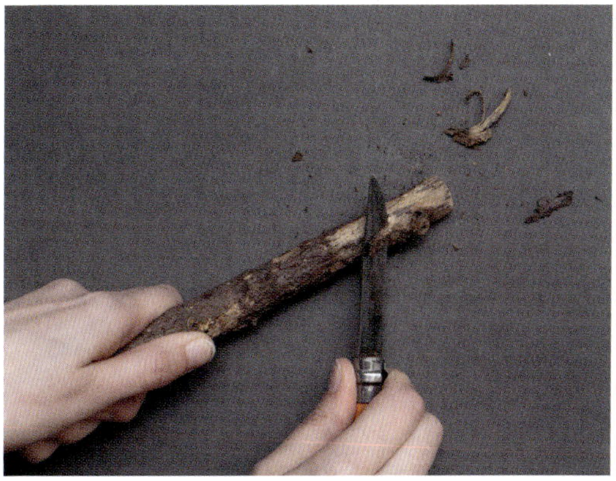

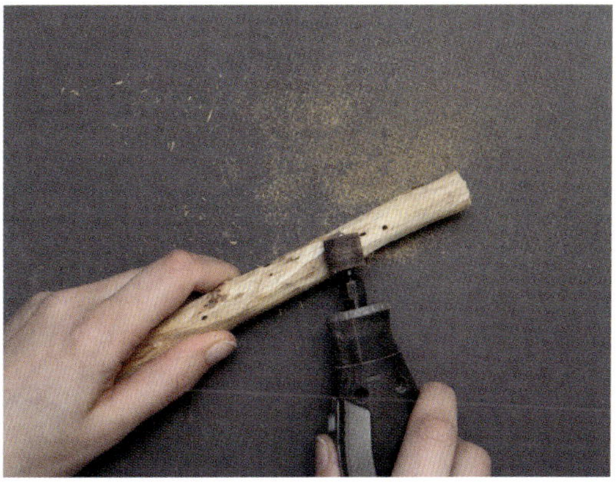

Grundlegende Knoten

Ankerknoten

Mit dem Ankerknoten können Fäden an einem Objekt wie z. B. einem Holzstab oder einem Ring befestigt werden.

Ankerknoten von vorne geknotet:

1. Die beiden Enden eines Fadens zusammenlegen und die dabei entstehende Schlinge von oben hinter den Holzstab führen.

2. Nun die beiden Enden durch die Schlinge führen und straff ziehen.

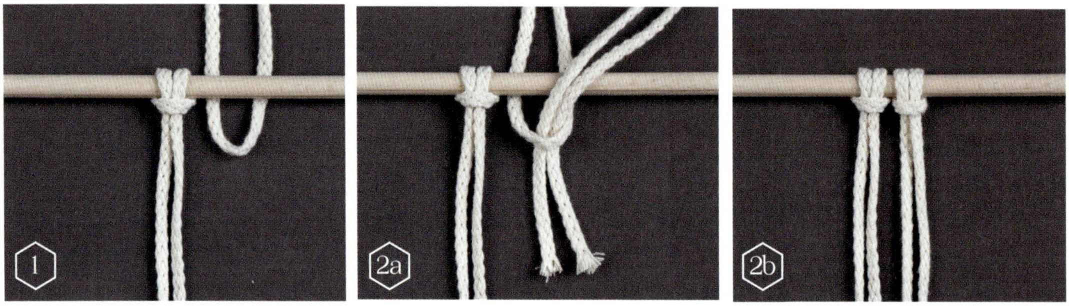

Ankerknoten von hinten geknotet:

1. Die beiden Enden eines Fadens zusammenlegen und die dabei entstehende Schlinge von unten hinter den Holzstab führen.

2. Nun die beiden Enden durch die Schlinge führen und straff ziehen.

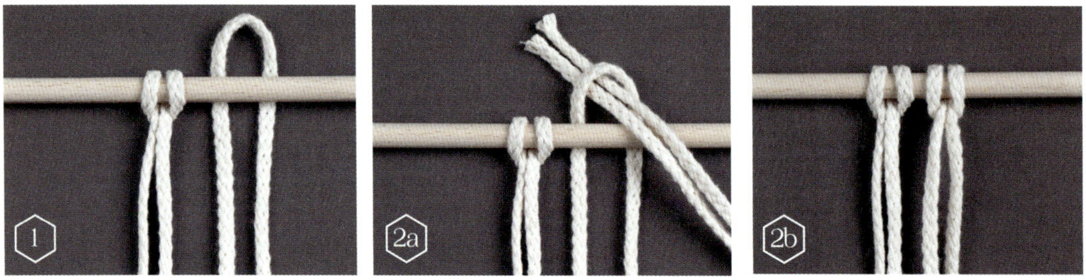

Wellenknoten

Der Wellenknoten ist ein halber Kreuzknoten und wird bei Makramee üblicherweise mit 4 Fäden geknotet. Die beiden mittleren Fäden sind die Trägerfäden. Diese sind passiv und es wird um sie herum geknotet. Die beiden äußeren Fäden sind Arbeitsfäden und mit ihnen wird aktiv geknotet.

1. Legen Sie den rechten Arbeitsfaden nach links über die beiden Trägerfäden.

2. Nun legen Sie den linken Arbeitsfaden über den rechten Arbeitsfaden.

3. Führen Sie den linken Arbeitsfaden unter die beiden Trägerfäden und durch den Zwischenraum des rechten Arbeitsfadens und der Trägerfäden nach vorne.

4. Ziehen Sie die beiden Arbeitsfäden senkrecht zu den Trägerfäden fest.

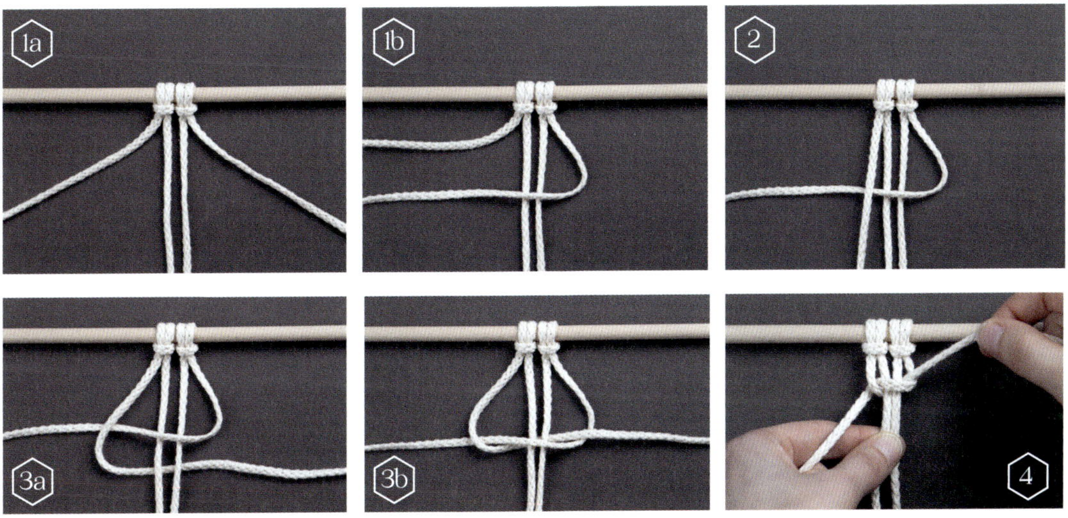

5. Mehrere Wellenknoten untereinander geknotet ergeben einen **gedrehten Strang.** Schieben Sie zwischendurch immer wieder die Knoten entlang der Trägerfäden zusammen, damit Sie einen einheitlichen Strang erhalten. Je nachdem wie sehr Sie den Strang entlang der Trägerfäden zusammenschieben, verändert sich der Grad der Drehung des Strangs. Probieren Sie es aus!

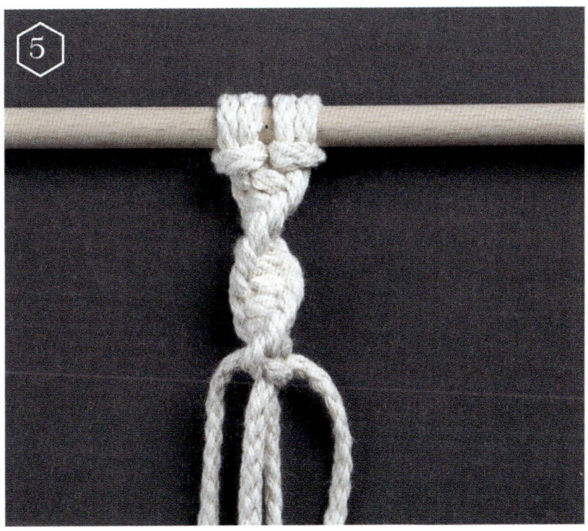

Links gelegter Kreuzknoten

Ein Kreuzknoten wird bei Makramee normalerweise mit 4 Fäden geknotet. Die beiden mittleren Fäden sind dabei die Trägerfäden. Diese sind passiv und es wird um sie herum geknotet. Die beiden äußeren Fäden sind Arbeitsfäden und mit ihnen wird aktiv geknotet.

1. Knoten Sie den Wellenknoten als ersten Teil des Kreuzknotens.

2. Wiederholen Sie die Schritte spiegelverkehrt. Dazu legen Sie den linken Arbeitsfaden nach rechts über die beiden Trägerfäden. Den rechten Arbeitsfaden über den linken Arbeitsfaden legen und diesen dann unter die beiden Trägerfäden durch den Zwischenraum des linken Arbeitsfadens sowie der Trägerfäden nach vorne führen.

3. Ziehen Sie den zweiten Teil des Kreuzknotens fest.

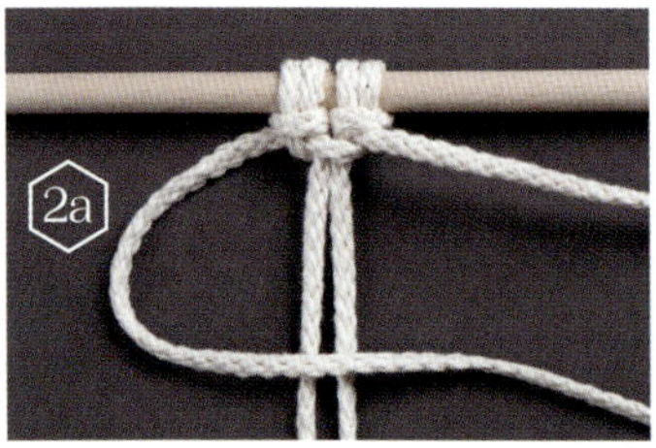

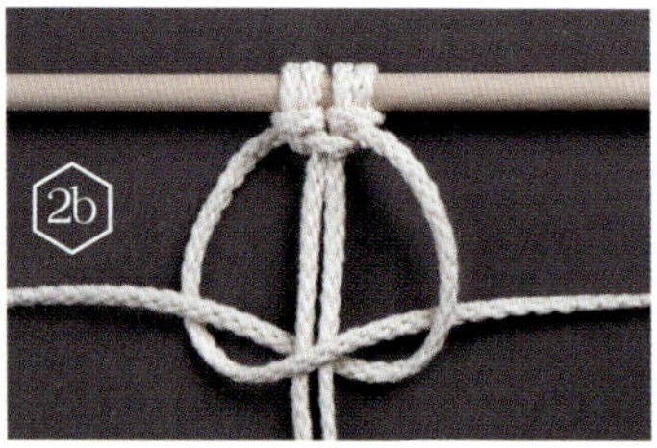

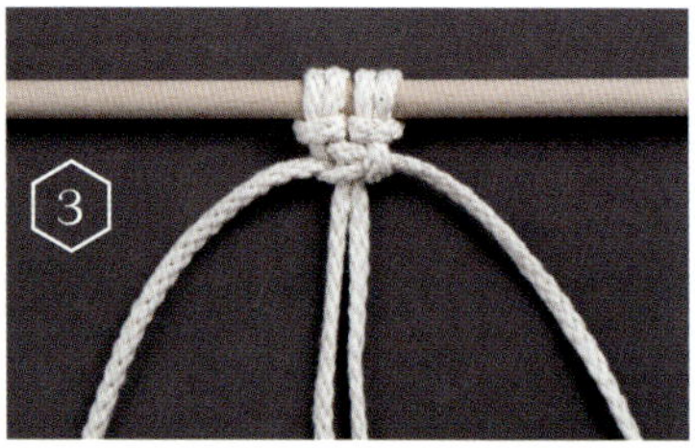

4. Mehrere Kreuzknoten untereinander geknotet ergeben einen glatten, gleichmäßigen Strang. Um ein gleichmäßiges Knotenbild zu erhalten, schieben Sie die einzelnen Knoten immer wieder entlang des Trägerfadens nach oben. Es sollte nur wenig der Trägerfäden zu sehen sein.

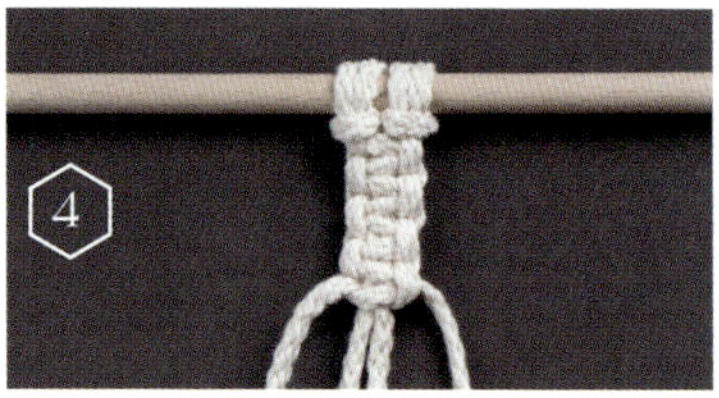

Beerenknoten

Der Beerenknoten oder auch Berryknot (engl.) ist eine Variation des Kreuzknotens. Er gibt einem Muster eine dreidimensionale Komponente.

1. Knoten Sie drei Kreuzknoten untereinander. Setzen Sie dabei den ersten Kreuzknoten in einem kleinen Abstand von etwa 0,5 cm zum Trägermedium (hier der Holzstab).

2. Die beiden Trägerfäden von vorne mittig durch den kleinen Zwischenraum zwischen Trägermedium und ersten Kreuzknoten führen.

3. Ziehen Sie die Trägerfäden nach unten, sodass wieder vier Stränge vor Ihnen liegen. Der Beerenknoten zeigt nun schon seine rundliche Form.

4. Um den Beerenknoten zu fixieren, einen weiteren Kreuzknoten unter die „Beere“ knoten.

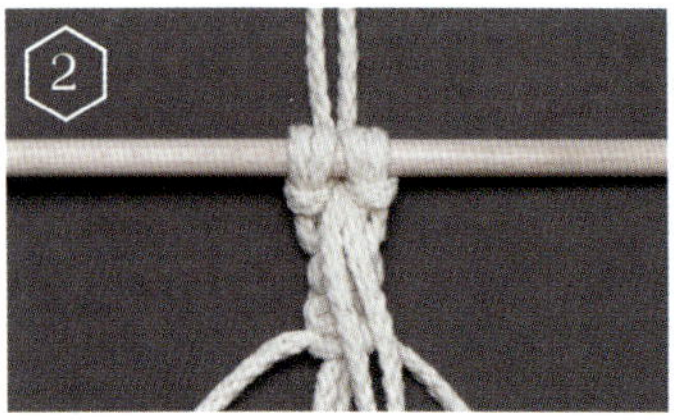

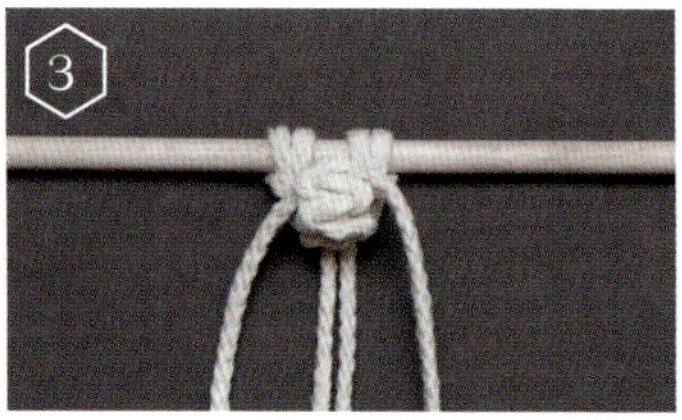

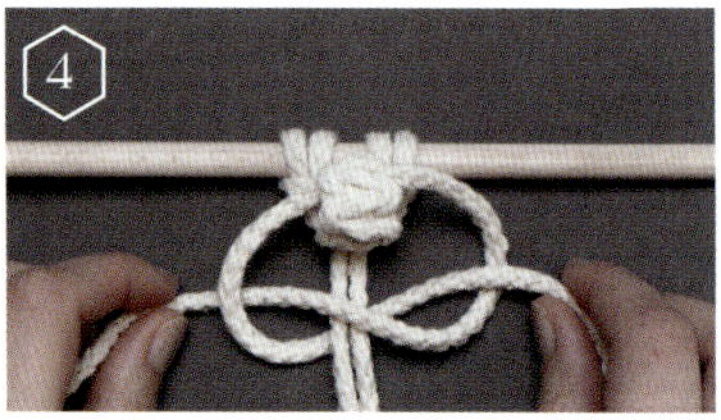

Wickelknoten

Mit dem Wickelknoten werden mehrere Stränge zusammengehalten.

1. Legen Sie das Fadenende eines extra Fadens nach oben auf die Stränge, die zusammengehalten werden sollen und führen Sie das andere Ende so nach oben, dass eine Schlaufe entsteht. Wenn es eine Vorder- und Rückseite gibt, legen Sie den zusätzlichen Faden auf der Rückseite auf alle Stränge.

2. Wickeln Sie das lange Ende straff um alle Stränge sowie um das andere kurze Ende. Das lange Ende wickeln Sie nun mehrfach eng um alle Stränge und die Schlaufe, sodass immer weniger von der Schlaufe zu sehen ist.

3. Wenn der Faden zu kurz wird oder Sie der Meinung sind, dass Sie genug umwickelt haben, führen Sie das Ende, mit dem Sie die ganze Zeit umwickelt haben durch die Schlaufe.

4. Ziehen Sie an dem oberen Fadenende um die Schlaufe zuzuziehen, sodass der durchgeführte Faden und die Schlaufe unter dem Umwickelten verschwinden. Wichtig: Ziehen Sie nicht so sehr, dass Sie die Schlaufe oben hervorziehen. Die Schlaufe sollte etwa auf der Hälfte unter dem Umwickelten liegen.

5. Schneiden Sie beide Enden bündig zum Wickelknoten ab.

> Mit farbigem Garn können Sie schöne Akzente setzen.

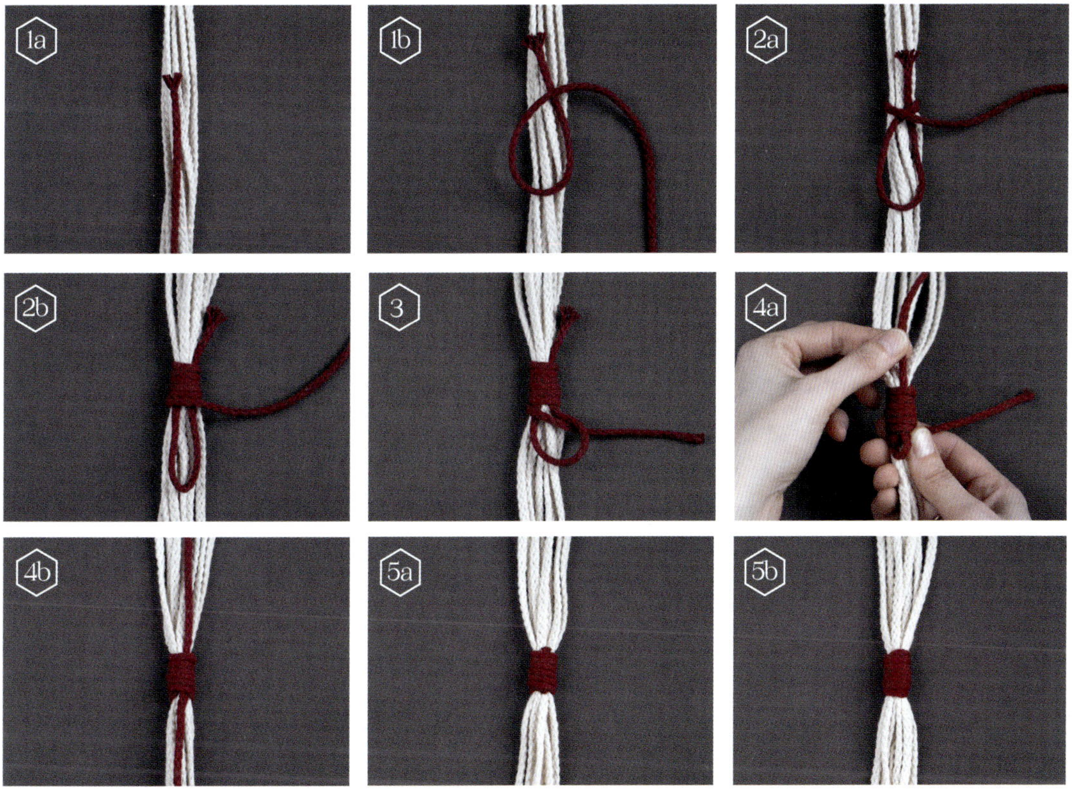

Rippenknoten

Mehrere Rippenknoten nebeneinander geknotet ähneln einer Rippe. Beim Rippenknoten werden mehrere Arbeitsfäden mit jeweils zwei halben Schlägen entlang eines Trägerfadens geknotet, um eine Rippe zu erhalten.

Man unterscheidet den **rechts und links geknüpften Rippenknoten.** Sie unterscheiden sich dahingehend, dass beim rechts geknüpften Rippenknoten die Arbeitsfäden nach rechts gehend und beim links geknüpften Rippenknoten nach links gehend über den Trägerfaden gelegt werden. Wird Ihre Rippe also von links nach rechts geknotet, handelt es sich um den rechts geknüpften Rippenknoten, wird sie von rechts nach links geknotet, handelt es sich um den links geknüpften Rippenknoten.

1. Halten Sie den Trägerfaden über die Arbeitsfäden straff in die Richtung, in die die Rippe verlaufen soll. Behalten Sie den Trägerfaden die ganze Zeit straff in der Hand und versuchen Sie diese nicht viel zu bewegen. Knoten Sie nur mit der anderen Hand.

2. Legen Sie den ersten Arbeitsfaden locker über den Trägerfaden.

3. Führen Sie nun den Arbeitsfaden unter den Trägerfaden durch die eigene Schlaufe. Ziehen Sie den ersten halben Schlag entlang des Trägerfadens fest. Der erste halbe Schlag entscheidet über die Position des Knotens. Soll die Rippe direkt entlang der Knotenreihe zuvor geknotet werden, ziehen Sie den ersten halben Schlag fest, bis er direkt an der Knotenreihe davor liegt. Wird ein Zwischenraum gewünscht, so ziehen Sie den ersten halben Schlag nur so weit fest, dass er im gewünschten Abstand zur Knotenreihe davor liegt.

4. Für den zweiten halben Schlag werden die Schritte 2–3 wiederholt.

5. Ziehen Sie den zweiten Umschlag fest. Der zweite halbe Schlag fixiert den Rippenknoten.

links geknüpfter Rippenknoten | **rechts geknüpfter Rippenknoten**

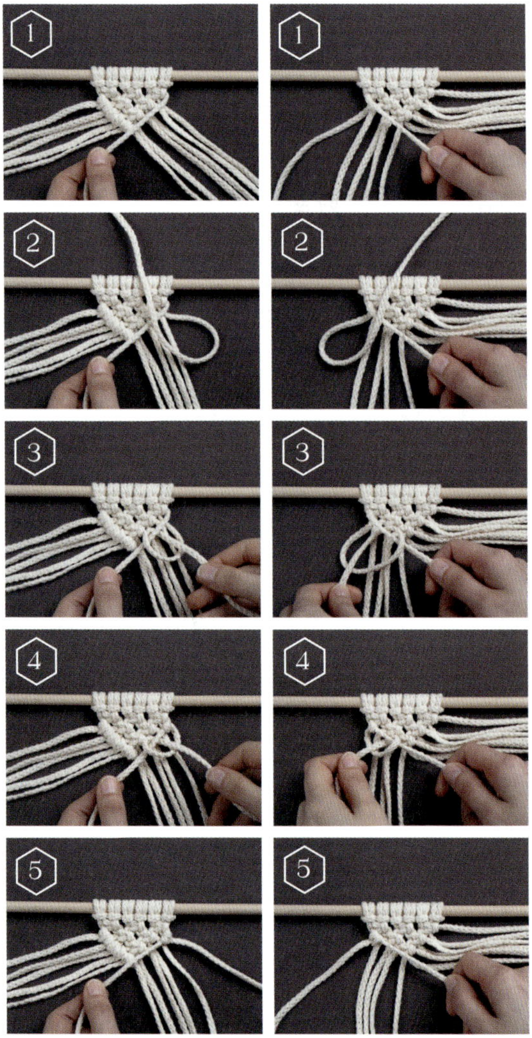

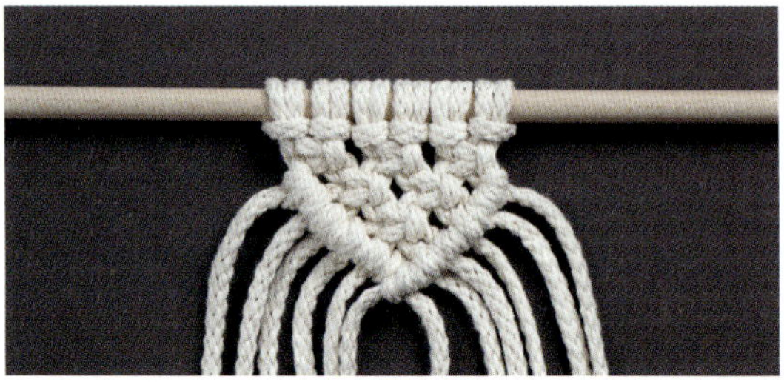

Weihnachtliche Tischdeko

Luftig-leichter Adventskranz

stilvoll und elegant

MOTIVDURCHMESSER

- ca. 40 cm

MATERIAL

- 84 Baumwollfäden in Natur, geflochten, ø 4 mm, 1 m lang
- Metallring in Gold ø 25 cm
- 4 Gläser
- 4 kleine Kerzen
- Schere
- Kamm

1. Befestigen Sie sechs 1 m lange Fäden mit dem von vorne geknoteten Ankerknoten am Metallring.

2. Mit allen zwölf Strängen drei Kreuzknoten nebeneinander knoten.

3. Legen Sie die jeweils beiden äußeren Stränge zur Seite und knoten Sie mit den restlichen acht Strängen zwei Kreuzknoten nebeneinander.

4. Um das Dreieck aus Kreuzknoten abzuschließen, wird nun mit den mittleren vier Strängen ein Kreuzknoten als Spitze geknotet. Legen Sie hierbei wieder zusätzlich zwei Stränge auf beiden Seiten weg.

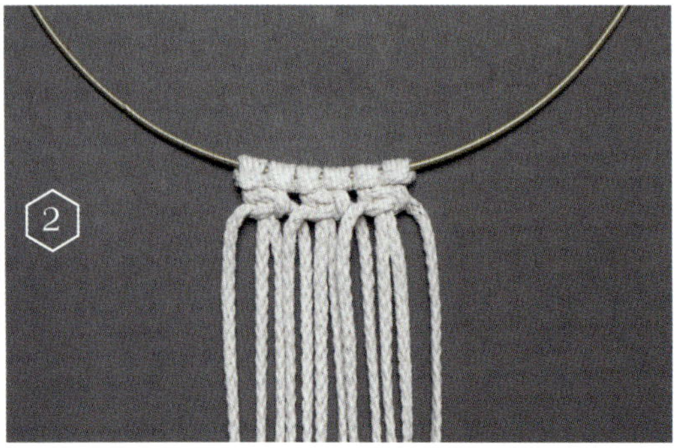

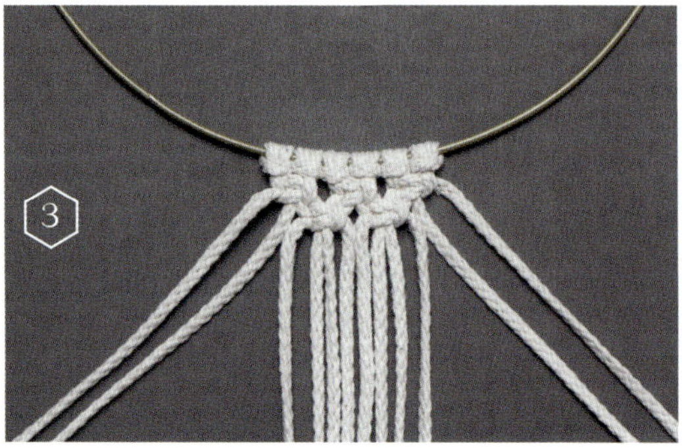

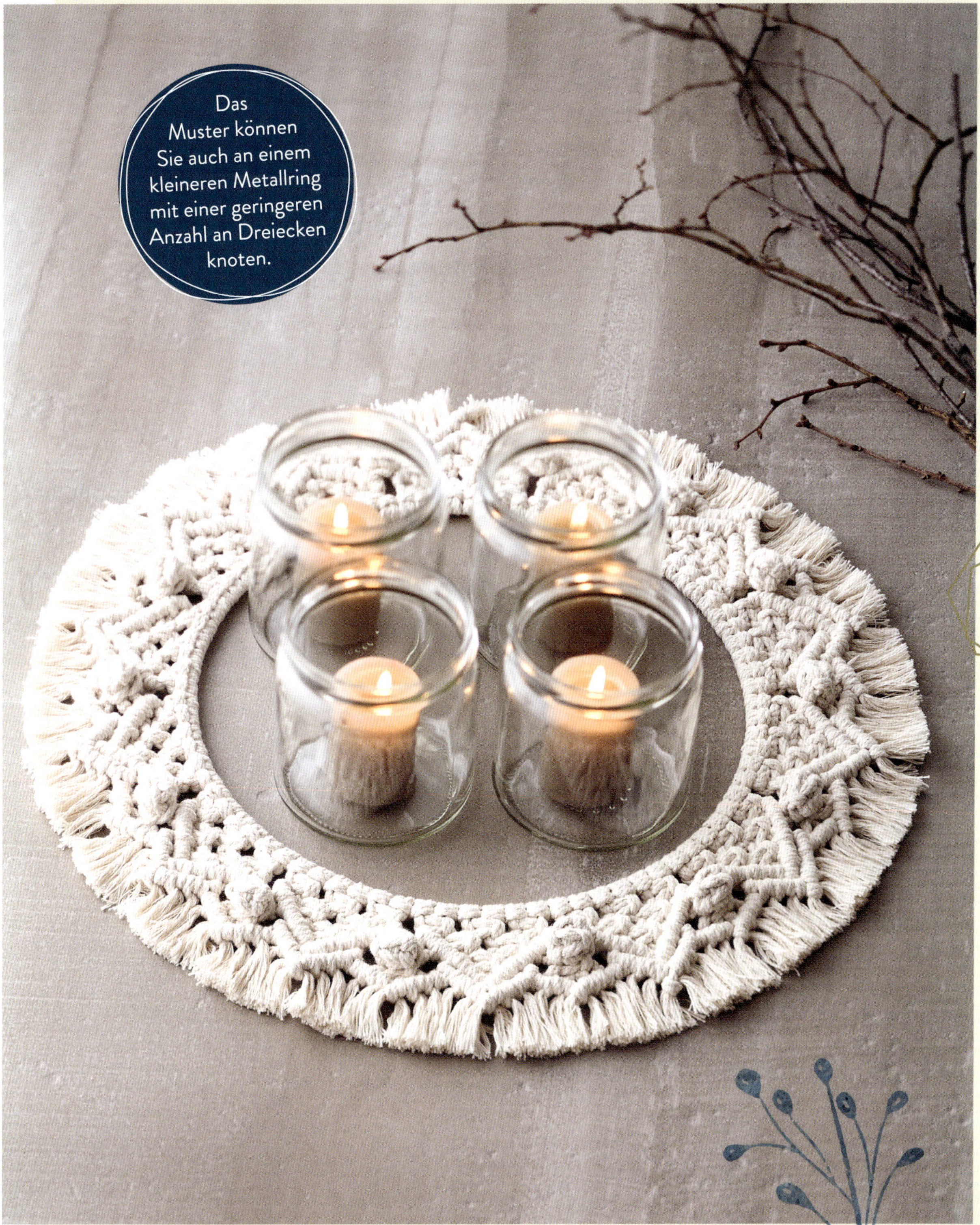

Das Muster können Sie auch an einem kleineren Metallring mit einer geringeren Anzahl an Dreiecken knoten.

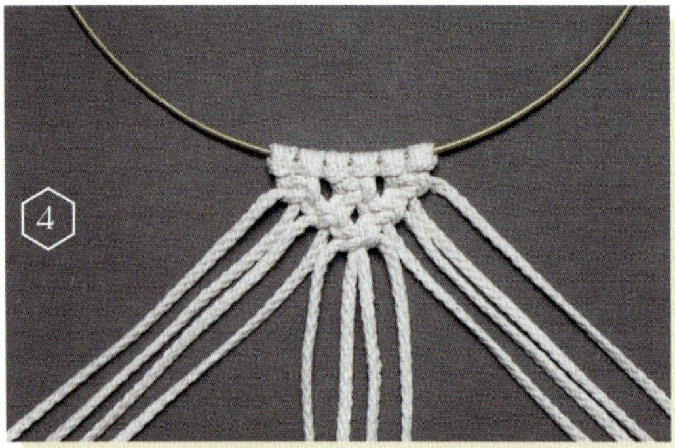
4

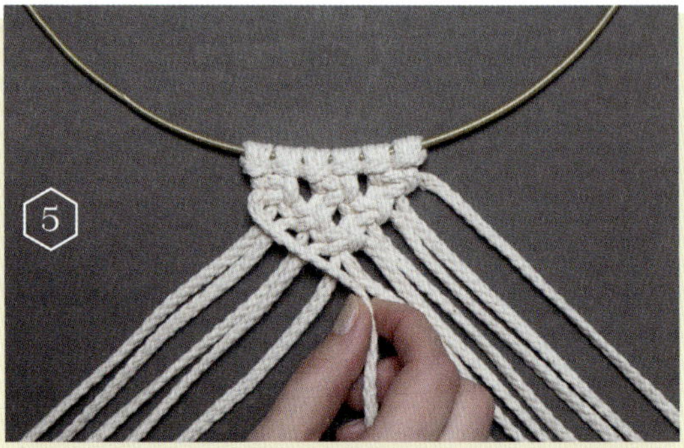
5

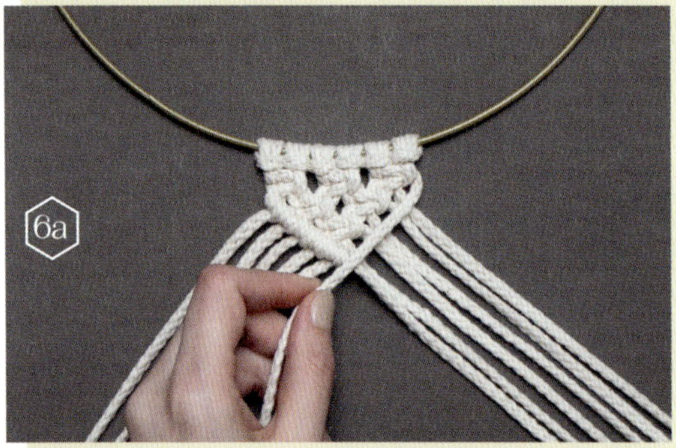
6a

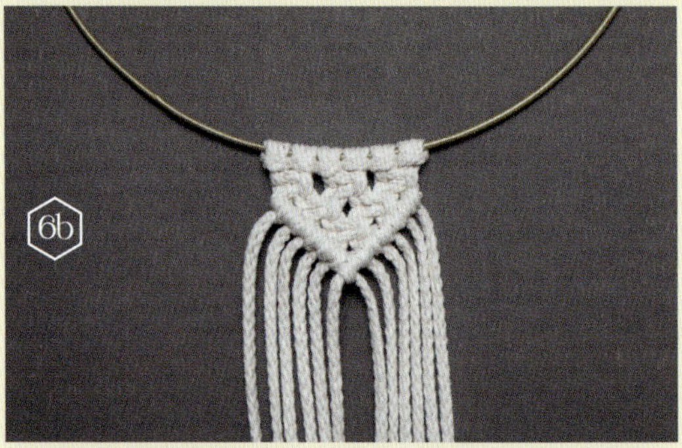
6b

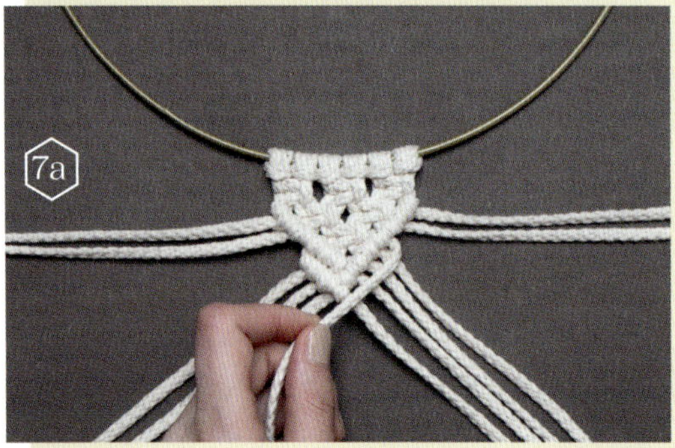
7a

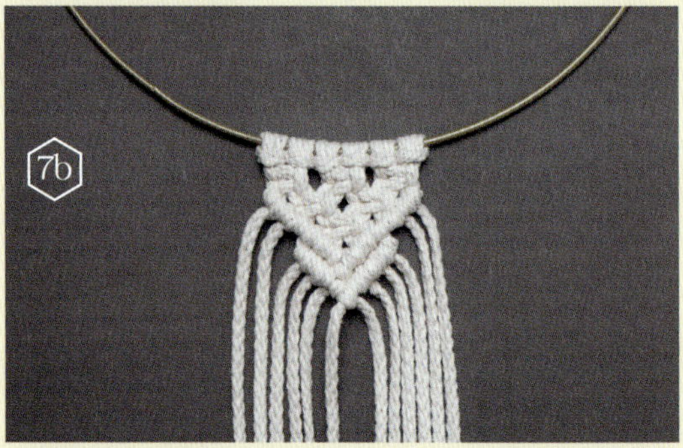
7b

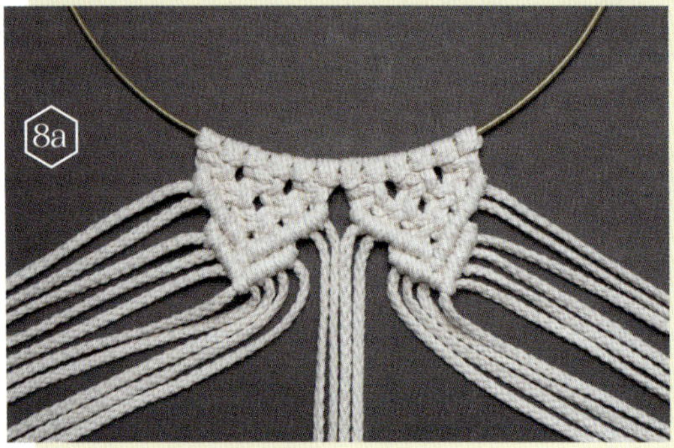
8a

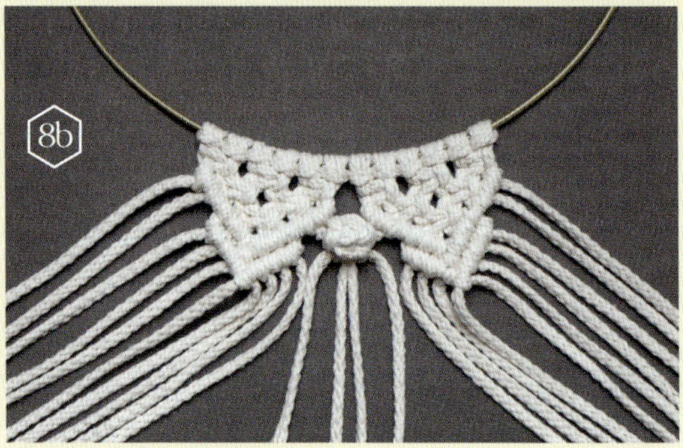
8b

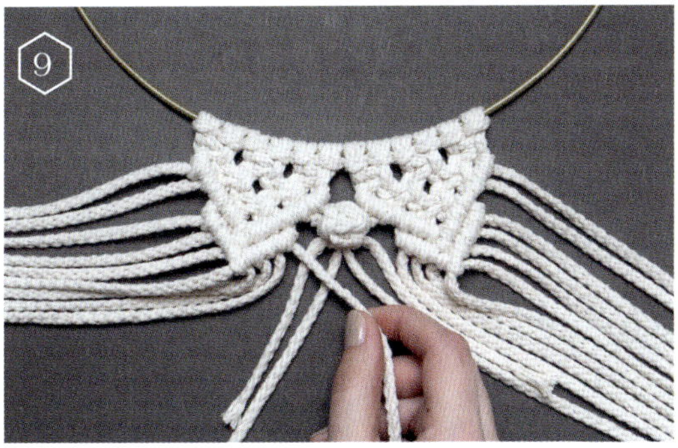

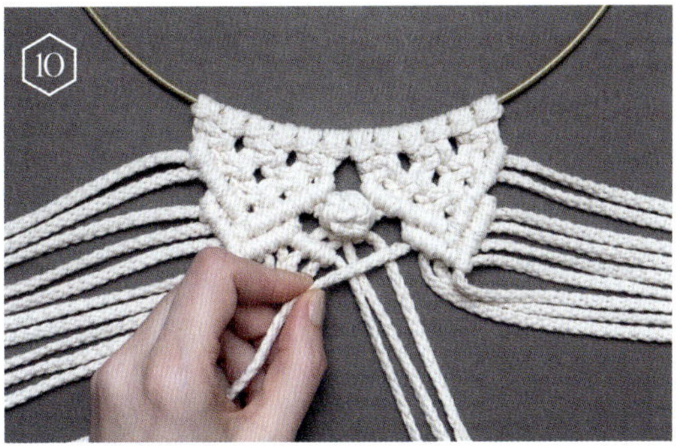

5. Es folgt eine Reihe Rippenknoten entlang der Kanten des Dreiecks. Teilen Sie alle Stränge in der Mitte auf, sodass jeweils sechs Stränge auf der rechten und linken Seite liegen. Legen Sie die Stränge der rechten Seite vorerst weg. Der obere Faden der linken Seite dient nun als Trägerfaden. Halten Sie diesen über die fünf Arbeitsfäden schräg nach unten in die Mitte. Knoten Sie eine Reihe Rippenknoten.

6. Wiederholen Sie Schritt 5 für die rechte Seite. Hier dient auch der obere Faden als Trägerfaden. Verbinden Sie die Reihe Rippenknoten in der Mitte, indem Sie den Trägerfaden der linken Seite hier als zusätzlichen Arbeitsfaden nutzen.

7. Es folgt eine verkürzte Reihe Rippenknoten. Die jeweils beiden oberen Stränge zur Seite legen. Die dritten Stränge von oben dienen nun als Trägerfäden. Gehen Sie sonst so vor, wie in Schritt 5-6 beschrieben.

8. Wiederholen Sie Schritt 1-7 für ein weiteres Dreieck. Knoten Sie anschließend einen Beerenknoten zwischen den beiden Dreiecken. Nutzen Sie dazu die jeweils beiden oberen Stränge beider Dreiecke.

9. Es folgt eine Reihe Rippenknoten, um den Beerenknoten zu umranden. Dazu wird zu den vier Strängen des Beerenknotens auf beiden Seiten jeweils ein Strang hinzugenommen. Die restlichen Stränge der Dreiecke können weggelegt werden. Die hier hinzugenommenen Stränge dienen als Trägerfäden. Halten Sie zuerst den Trägerfaden der linken Seite schräg nach unten in die Mitte über die beiden linken Arbeitsfäden. Knoten Sie eine Reihe Rippenknoten.

10. Wiederholen Sie Schritt 9 für die andere Seite. Halten Sie nun also den rechten Trägerfaden schräg nach unten in die Mitte über die beiden rechten Arbeitsfäden. Knoten Sie eine Reihe Rippenknoten. Um die Reihe Rippenknoten in der Mitte zu verbinden, nutzen Sie auch hier den Trägerfaden der linken Seite als zusätzlichen Arbeitsfaden.

11. Die Schritte 1–10 wiederholen, bis Sie 14 Dreiecke um den Metallring geknotet haben und mit einem Beerenknoten verbunden haben. Schieben Sie die Dreiecke am Ende etwas zusammen, damit alle um den Ring Platz finden.

12. Enden auf etwa 3 cm kürzen, auskämmen und in Form schneiden.

Stehendes Bäumchen

der kleine Hingucker

MOTIVHÖHE

- ca. 31 cm

MATERIAL

- 35 Baumwollfäden in Natur, einfach gezwirnt, ø 2–3 mm, 15 cm lang
- Dünner Ast, 5 cm lang
- Dünner Ast, 11 cm lang
- Dünner Ast, 14 cm lang
- Dünner Ast, 17 cm lang
- Ast, ø 0,8 cm, 31 cm lang
- Baumscheibe ø 11 cm
- Bohrer, ø 0,8 cm
- Heißkleber
- Kamm
- Schere

1. Befestigen Sie die 15 cm langen Fäden mit dem von vorne geknoteten Ankerknoten an den Ästen wie folgt: 5 cm Ast: 3 Fäden; 11 cm Ast: 7 Fäden; 14 cm Ast: 11 Fäden; 17 cm Ast: 14 Fäden

2. Die Enden auskämmen.

3. Kürzen Sie die Enden auf etwa 2-3 cm Länge.

4. Ordnen Sie die Äste der Größe nach, wobei unten der längste Ast liegt.

5. Kleben Sie die Äste mit den befestigten, ausgekämmten Strängen mit Heißkleber auf den 31 cm langen Ast, sodass zwischen den Ästen mit den Fransen ein Abstand von etwa 1 cm entsteht. Der Ast, der nun als Baumstamm des Makramee-Bäumchens dient, ragt oben über den kürzesten Ast etwa 2 cm heraus.

6. Bohren Sie ein etwa 2/3 tiefes Loch mit einem Durchmesser von 0,8 cm mittig in die Baumscheibe und stecken Sie den Ast, der das Bäumchen trägt in das Loch. Sollte der Baum alleine keinen Halt finden, nutzen Sie hier gerne wieder etwas Kleber. Sollte Ihr Ast etwas dicker oder dünner sein, passen Sie den Bohrdurchmesser an.

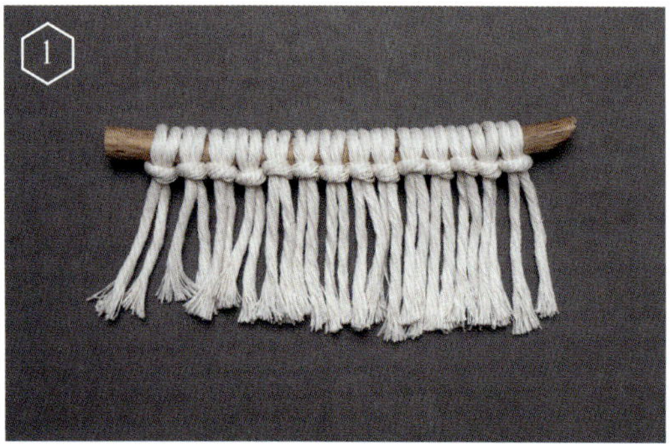
1

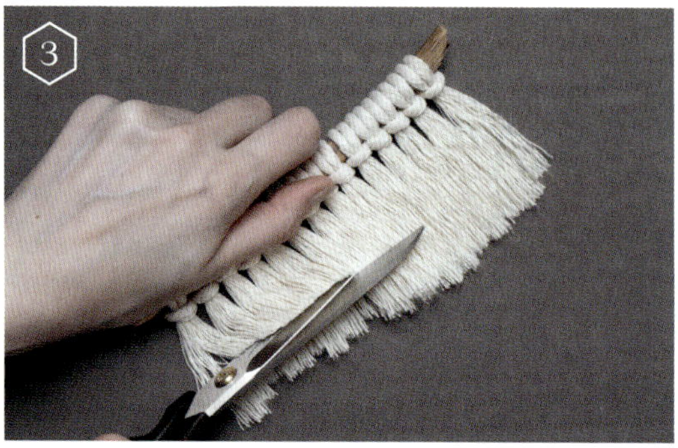
3

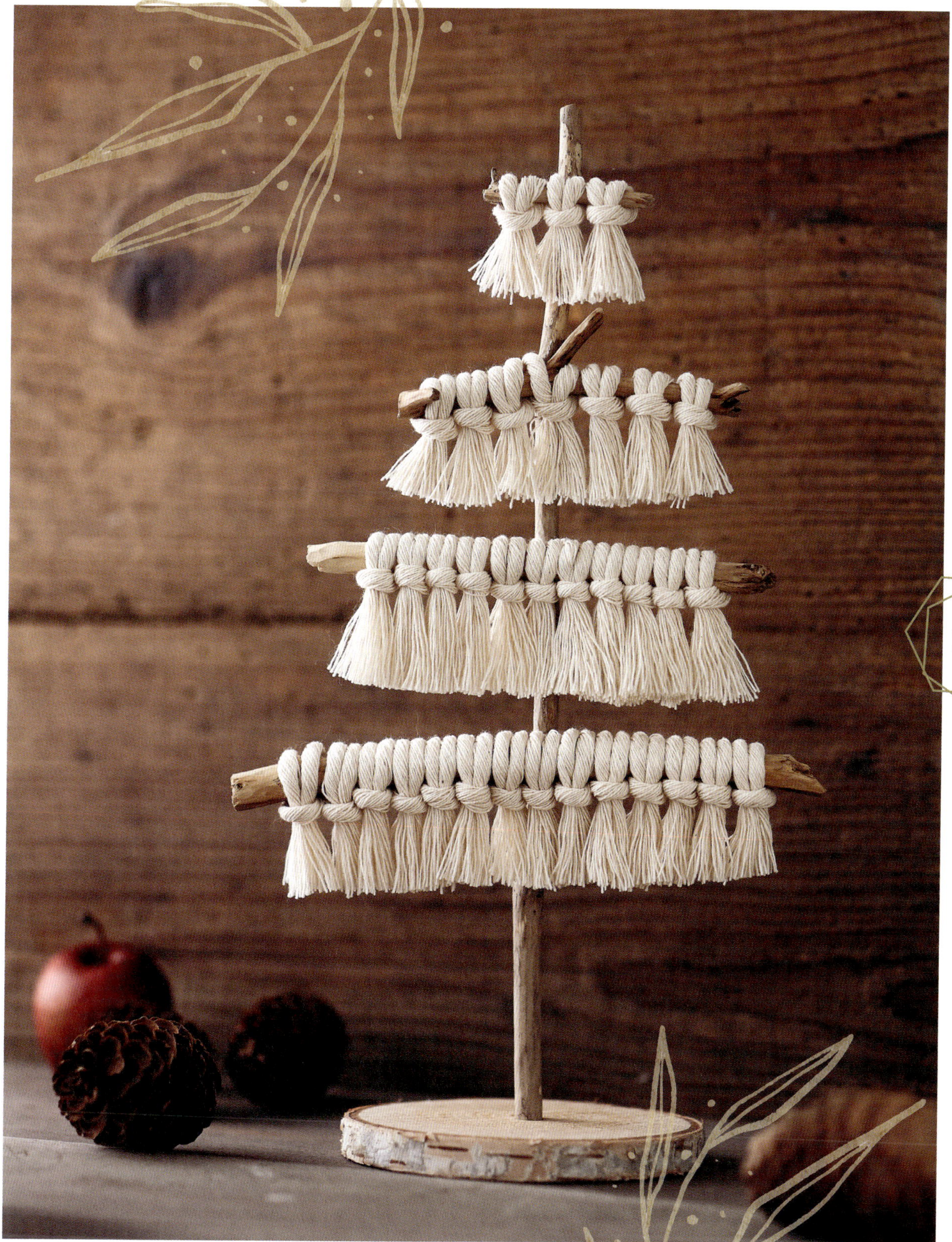

Makramee Serviettenring

für den Weihnachtstisch

MOTIVLÄNGE

- ca. 12 cm

MATERIAL

- 6 Baumwollfäden in Natur, geflochten, ø 2–3 mm, 60 cm lang
- Baumwollfaden in Purpurrot, geflochten, ø 2–3 mm, 10 cm lang
- Holzring, ø 5,5 cm
- Schere
- Kamm

1. Alle sechs 60 cm langen Baumwollfäden mit dem von vorne geknoteten Ankerknoten unten am Holzring befestigen.

2. Mit den jeweils vier äußeren Strängen auf beiden Seiten einen Kreuzknoten knoten. Die vier mittleren Stränge bleiben ungeknotet.

3. Legen Sie die jeweils beiden äußeren Stränge zur Seite. Mit den acht Strängen, die nun vor Ihnen liegen, zwei Kreuzknoten nebeneinander knoten.

4. Zusätzlich auf beiden Seiten jeweils zwei Stränge weglegen und mit den vier mittleren Strängen einen Kreuzknoten knoten.

5. Es folgt eine Reihe Rippenknoten. Teilen Sie dazu alle Stränge in der Mitte auf, sodass auf beiden Seiten jeweils sechs Stränge liegen. Legen Sie die sechs Stränge der einen Seite vorerst weg. Der obere Faden dient als Trägerfaden. Halten Sie diesen über die fünf Arbeitsfäden schräg nach unten in die Mitte in Richtung des letzten Kreuzknotens. Knoten Sie eine Reihe Rippenknoten.

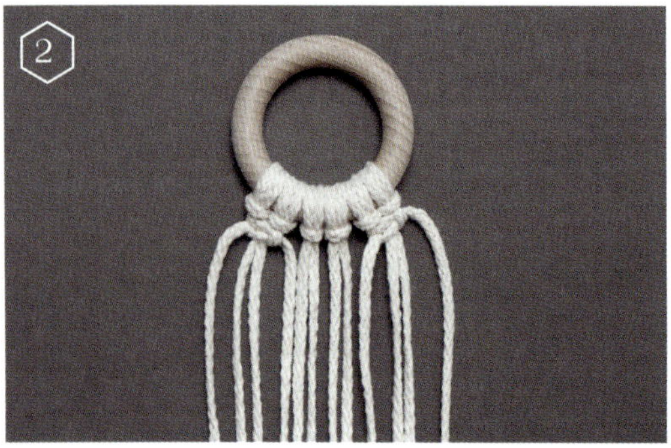

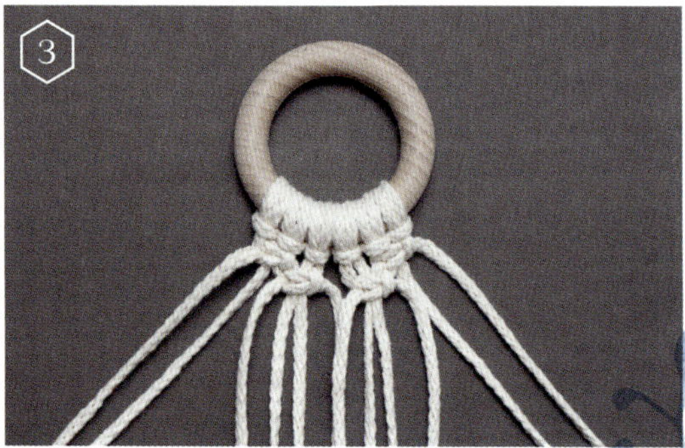

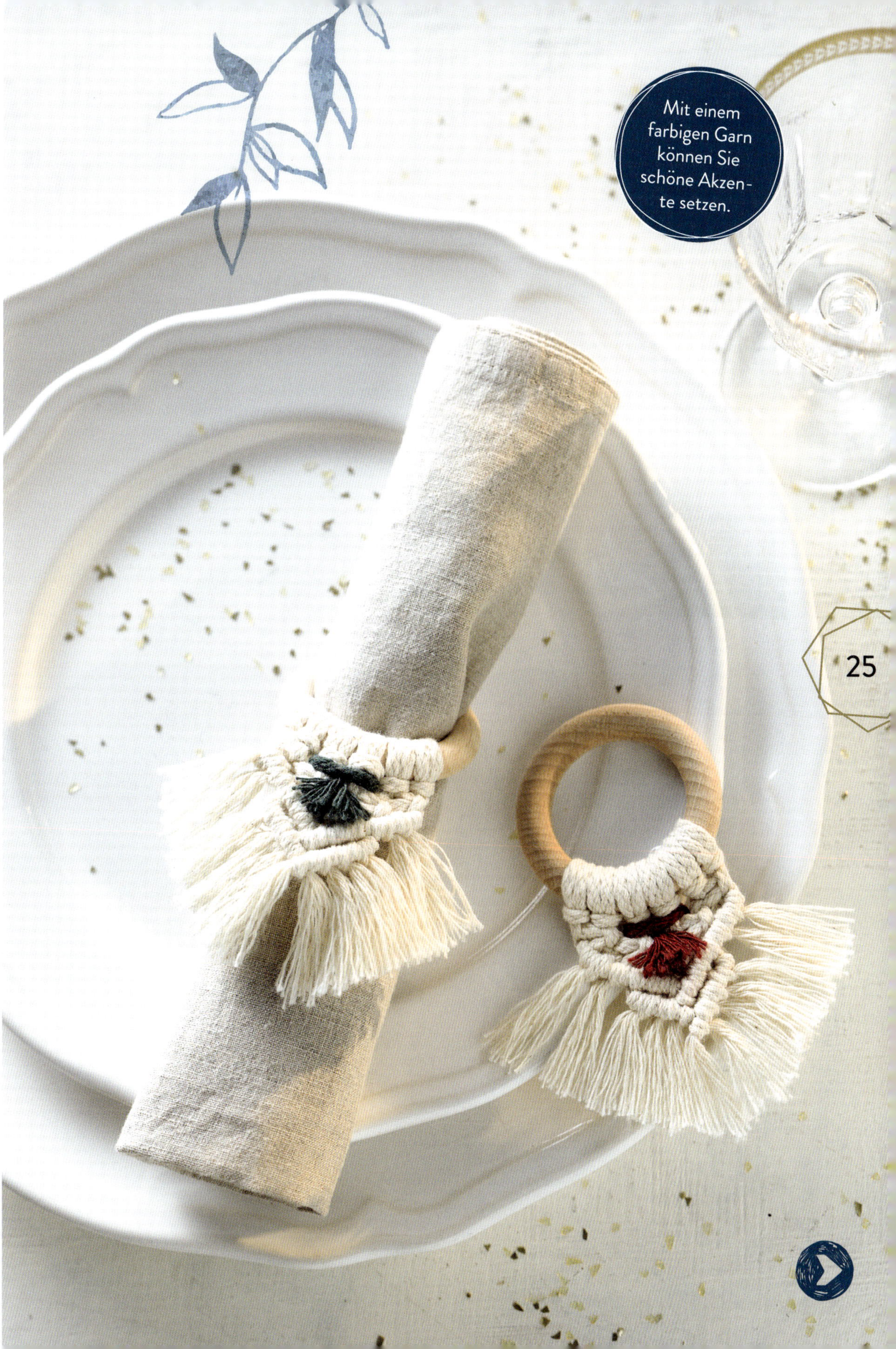
Mit einem farbigen Garn können Sie schöne Akzente setzen.

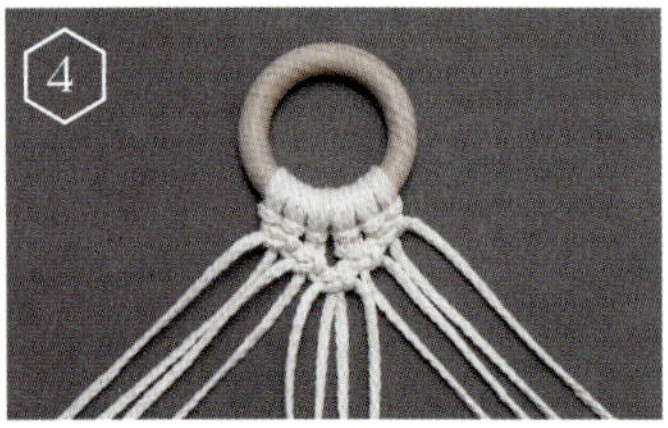

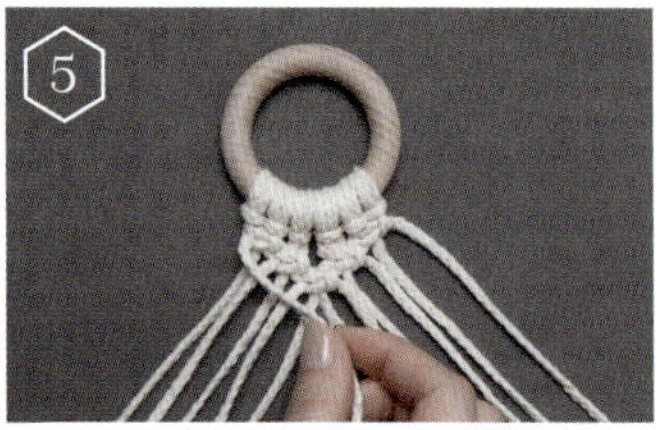

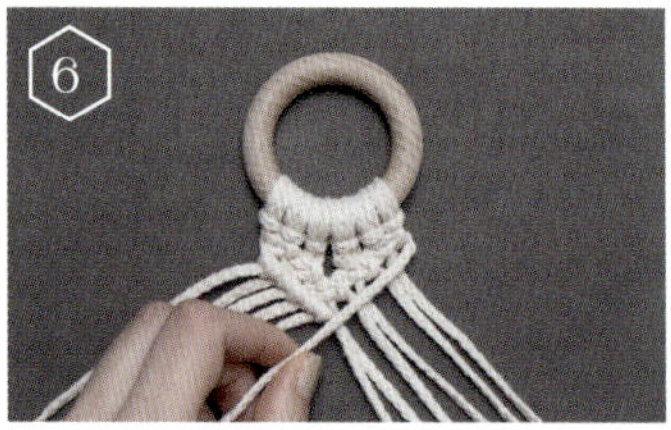

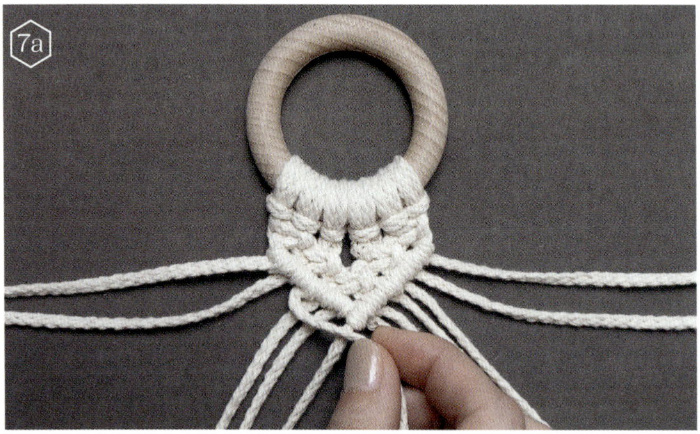

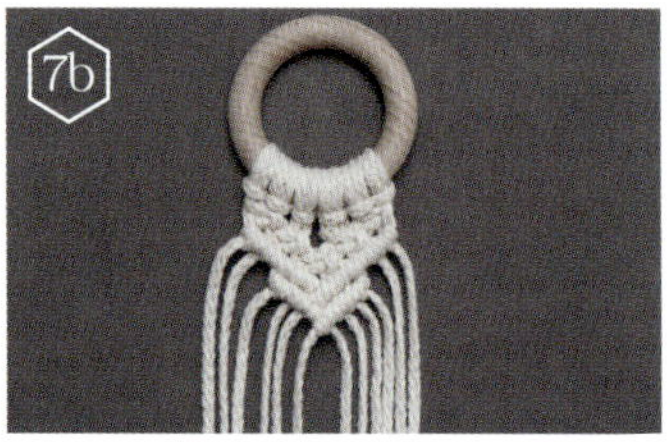

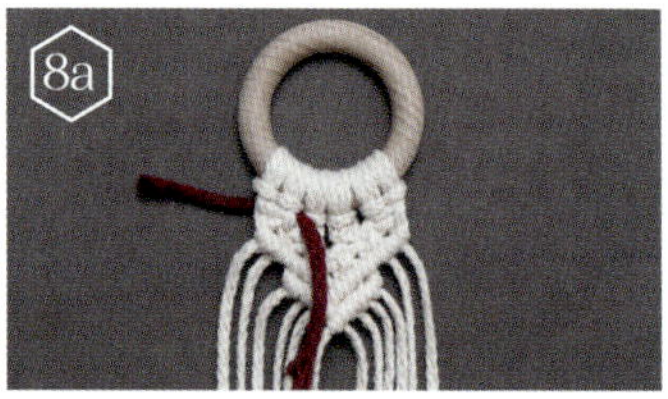

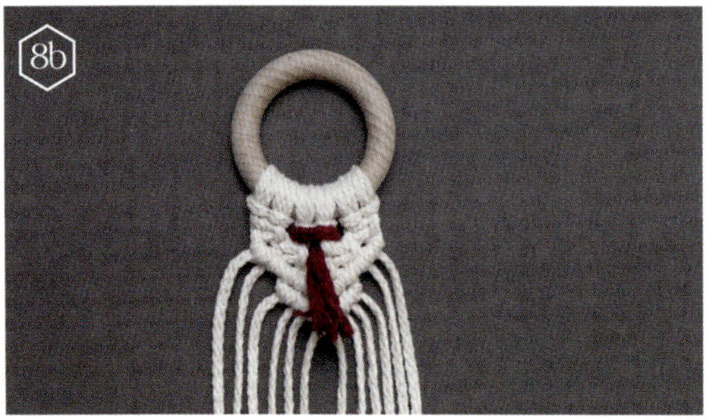

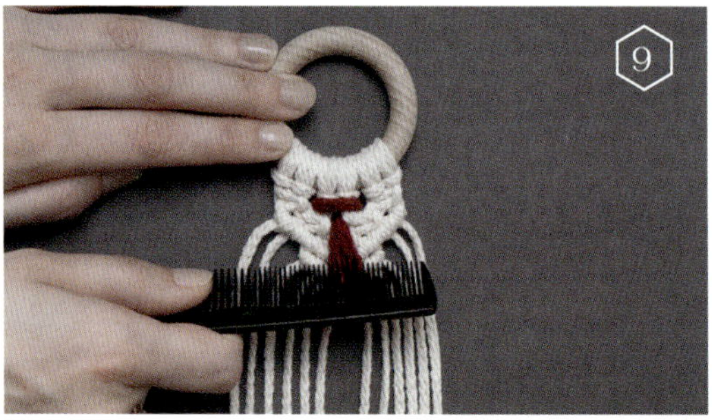

6. Wiederholen Sie Schritt 5 für die andere Seite. Verbinden Sie die Reihe Rippenknoten an der Spitze, indem Sie den Trägerfaden aus Schritt 5 als zusätzlichen sechsten Arbeitsfaden nutzen.

7. Es folgt eine zweite, verkürzte Reihe Rippenknoten. Legen Sie dazu auf beiden Seiten jeweils die beiden äußeren Stränge zur Seite. Knoten Sie mit den restlichen Strängen eine Reihe Rippenknoten, wobei der dritte Faden von oben als Trägerfaden dient. Gehen Sie ansonsten vor wie in Schritt 5–6 beschrieben.

8. Der Serviettenring erhält nun noch eine kleine, farbige Tassel. Dazu einen zusätzlichen 10 cm langen Faden nutzen. Die beiden Enden des Fadens rechts und links neben den vier ungeknoteten Fäden aus Schritt 2 von vorne nach hinten durchfädeln und durch die Mitte wieder nach vorne führen.

9. Anschließend die Enden auskämmen und kürzen. Zusätzlich werden die langen Enden des Musters ausgekämmt und angeschrägt zugeschnitten.

Kleines Windlicht

für kuschelige Abende

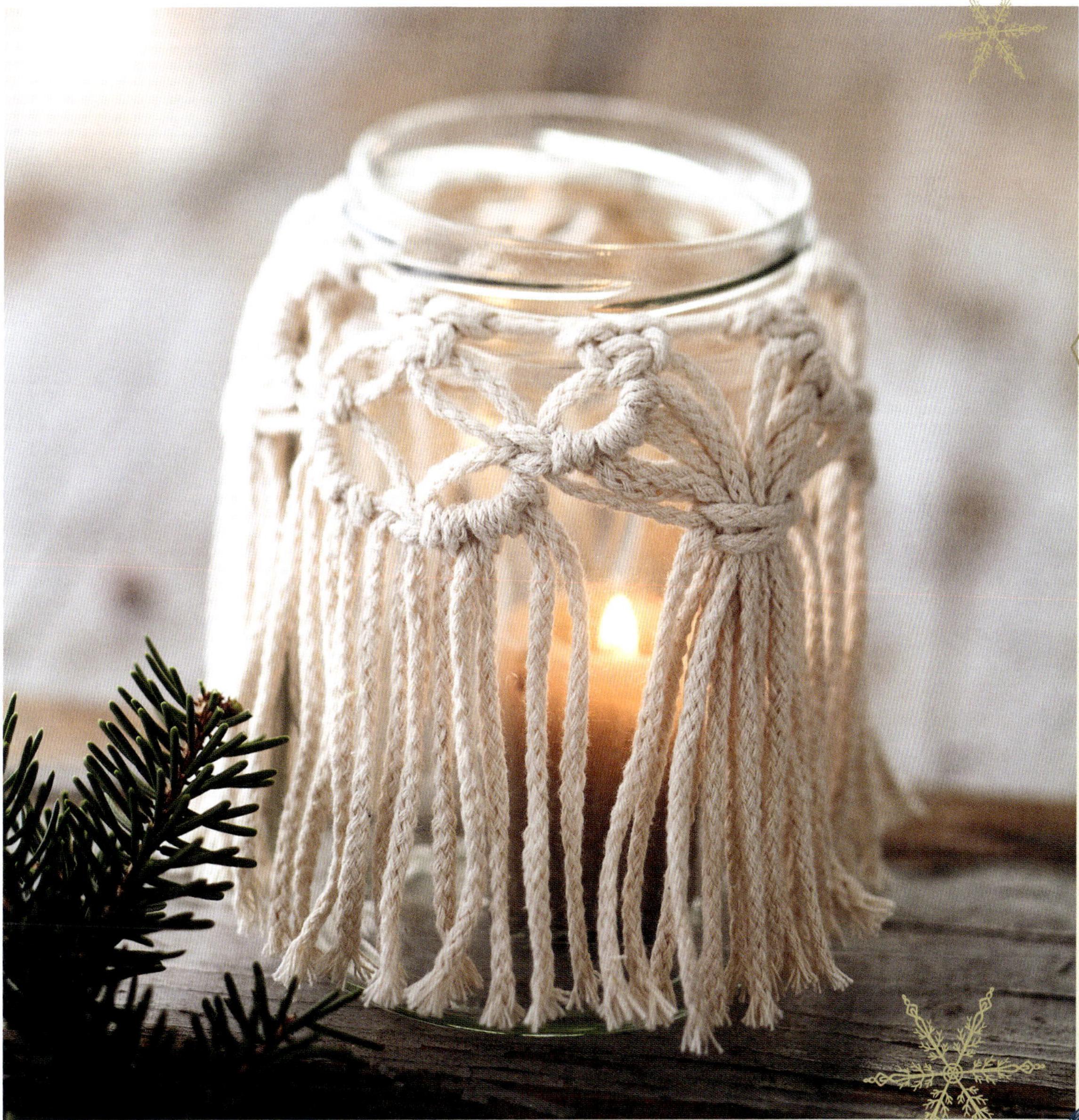

MOTIVLÄNGE

- ca. 14 cm

MATERIAL

- 17 Baumwollfäden in Natur, geflochten, ø 2–3 mm, 60 cm lang
- 24 Baumwollfäden in Natur, geflochten, ø 2–3 mm, 30 cm lang
- Baumwollfaden in Natur, geflochten, ø 2–3 mm, 90 cm lang
- Schraubglas, ø 9 cm, Schraubverschluss ø 7,5 cm, 14 cm hoch
- Schere

1. Befestigen Sie alle 17 60 cm langen Fäden mittig an dem 90 cm langen Faden.

2. Führen Sie den 90 cm langen Faden aus Schritt 1 um den Schraubverschluss des Glases und verknoten Sie die Enden mit einem Doppelknoten. Verteilen Sie die 60 cm langen Fäden so, dass sie in Zweiergruppen angeordnet sind, zwischen denen jeweils etwa 1,5 cm liegen. Der einzelne 60 cm lange Faden wird den beiden Strängen des Doppelknotens zugeordnet. Mit den Strängen des Doppelknotens wird genauso geknotet wie mit den restlichen Strängen.

3. Knoten Sie mit allen 36 Strängen neun Kreuzknoten.

4. Legen Sie alle Stränge zur Seite, bis auf die Stränge von drei nebeneinanderliegenden Kreuzknoten.

5. Knoten Sie zwei versetzte Kreuzknoten in einem Abstand von etwa 1 cm zur Reihe zuvor. Dazu die beiden jeweils äußeren Stränge zur Seite legen und mit den restlichen acht Strängen zwei Kreuzknoten knoten.

6. Es folgt ein weiterer versetzter Kreuzknoten in einem Abstand von etwa 1 cm zur zweiten Reihe. Dazu zusätzlich auf beiden Seiten jeweils zwei Stränge beiseitelegen, sodass nur noch 4 Stränge vor Ihnen liegen.

7. Durch den Abstand zwischen den einzelnen Reihen sind an der Seite Schlaufen entstanden. An dem äußeren Faden der Schlaufen werden jeweils zwei 30 cm lange Fäden mit dem von hinten geknoteten Ankerknoten befestigt.

8. Wiederholen Sie Schritt 4–7 für zwei weitere Dreiecke aus Kreuzknoten um das Glas herum. Anschließend wird ein Kreuzknoten mittig zwischen den Dreiecken gesetzt. Dazu nutzen Sie den unteren losen Faden der Kreuzknoten der zweiten Reihe als Arbeitsfäden. Alle Fäden zwischen den beiden Arbeitsfäden sind Trägerfäden. Knoten Sie also mit dem jeweils achten Strang von oben einen Kreuzknoten um alle 14 Trägerfäden. Ziehen Sie anschließend vorsichtig an jedem Trägerfaden, damit sie in der richtigen Position liegen und ein sauberes Knotenbild entsteht.

9. Kürzen Sie die Enden auf Höhe des Glases.

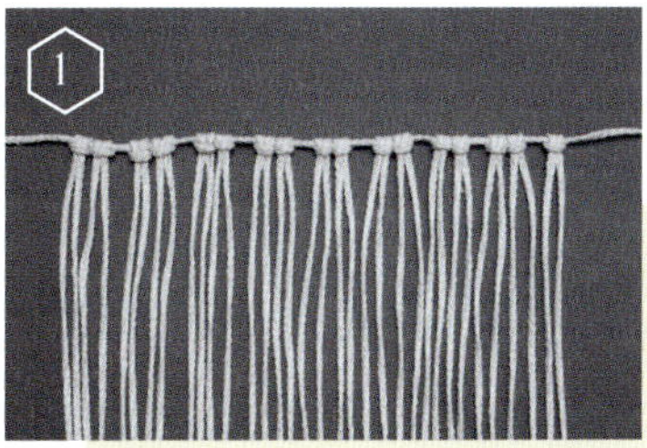
1

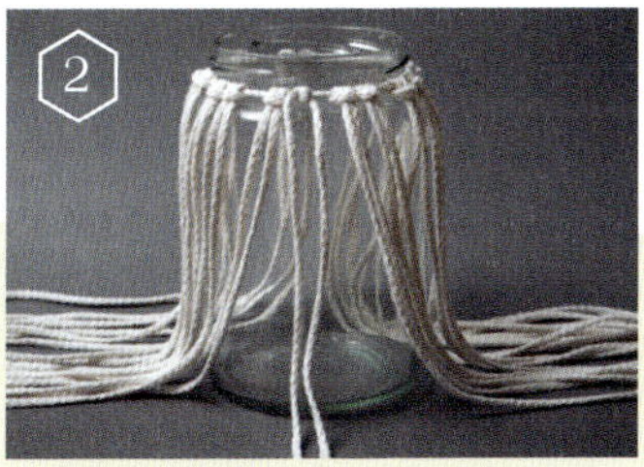
2

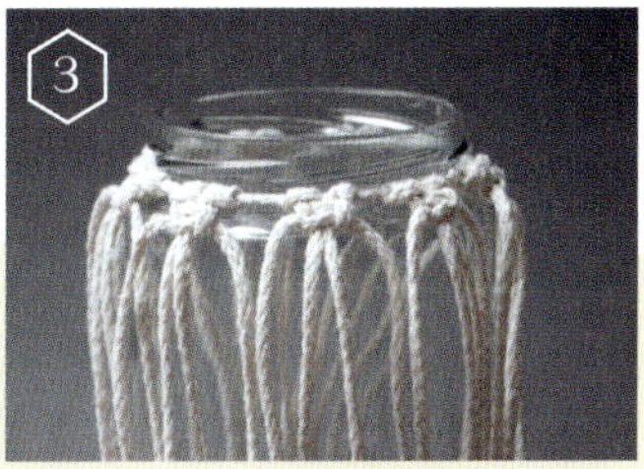
3

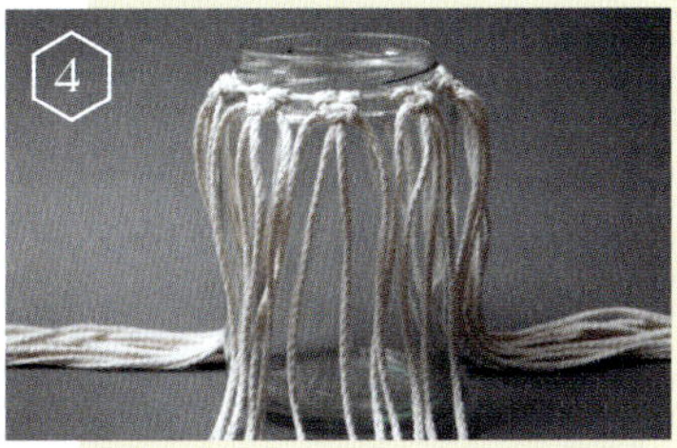
4

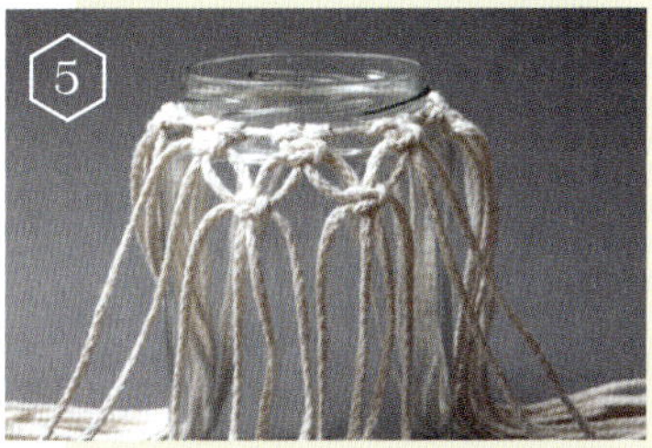
5

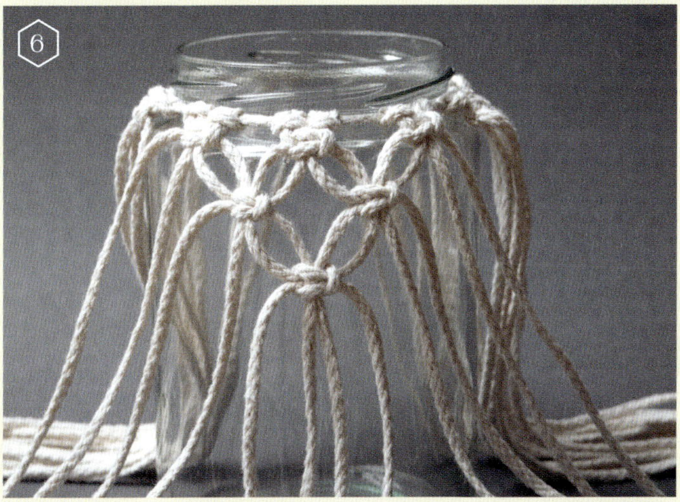
6

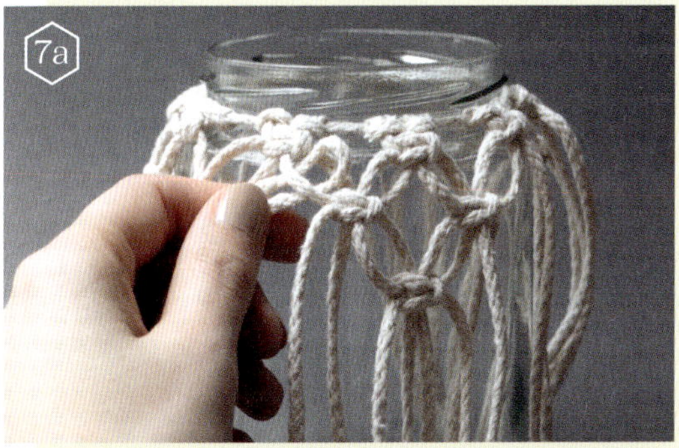
7a

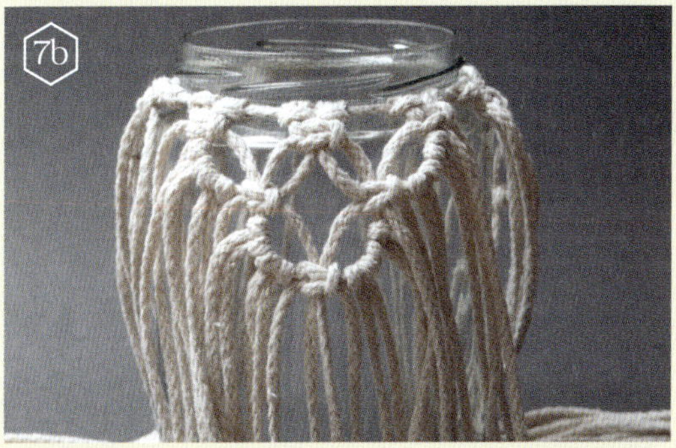
7b

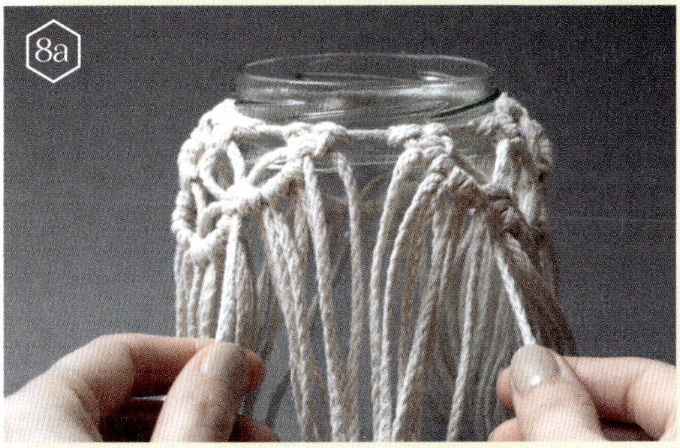
8a

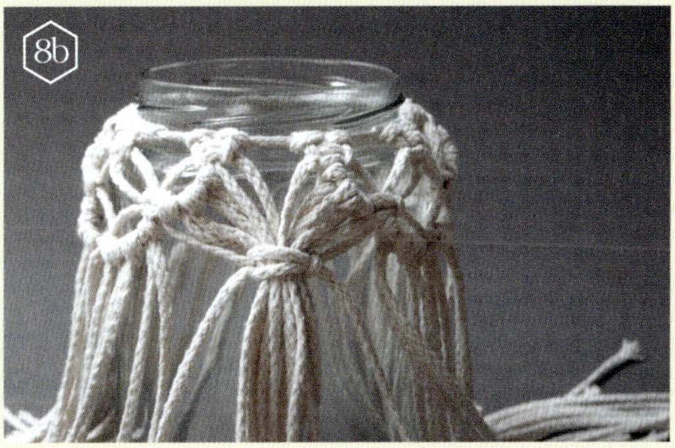
8b

Farbenfrohe Glasmarkierer

für Wein- und Sektgläser

MOTIVLÄNGE

- ca. 10,5 cm

MATERIAL

- 2 Baumwollfäden in Natur, geflochten, ø 2–3 mm, 40 cm lang
- Baumwollfaden in Natur, geflochten, ø 2–3 mm, 50 cm lang
- Baumwollfaden in Natur, geflochten, ø 2–3 mm, 30 cm lang
- Holzperle, ø 8 mm
- Schere
- Kamm

1. Legen Sie den 50 cm langen Faden mittig zusammen und setzen Sie einen normalen Knoten etwa 5 cm von der Schlaufe entfernt.

2. Jeweils einen 40 cm langen Faden mit dem von hinten geknoteten Ankerknoten an den beiden Enden des 50 cm langen Fadens aus Schritt 1 befestigen.

3. Fädeln Sie auf die beiden mittleren Stränge die Holzperle auf.

4. Alle Stränge in der Mitte teilen, sodass jeweils drei Stränge auf der rechten und linken Seite liegen. Legen Sie die drei Stränge der rechten Seite weg. Der linke äußere Strang der linken Stränge wird über die beiden Arbeitsfäden schräg nach unten in Richtung Mitte gehalten. Knoten Sie eine Reihe Rippenknoten.

5. Wiederholen Sie Schritt 4 für die rechten Stränge. Halten Sie hier den äußeren rechten Strang über die Arbeitsfäden in Richtung Mitte. Verbinden Sie die Reihe Rippenknoten in der Mitte, indem Sie den Trägerfaden der linken Seite hier als zusätzlichen, dritten Arbeitsfaden nutzen.

6. Die Stränge mittig zusammenführen und mit einem Wickelknoten fixieren. Hierzu einen 30 cm langen Faden nutzen.

7. Kürzen Sie die Enden auf die gewünschte Länge und kämmen Sie die Enden auf Wunsch aus.

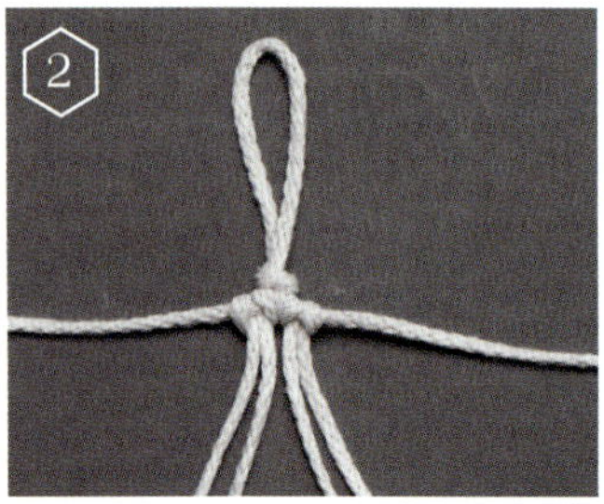

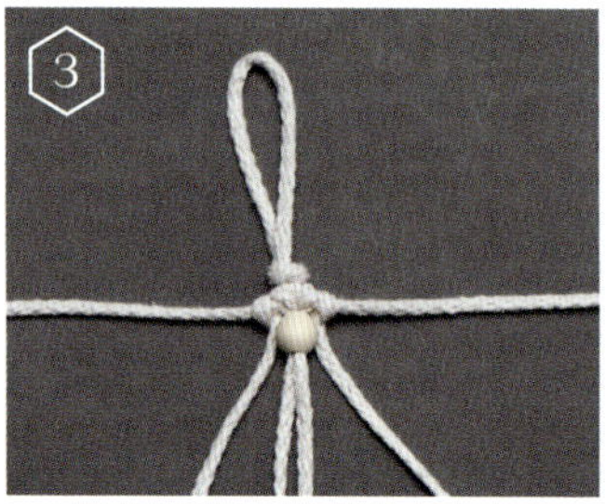

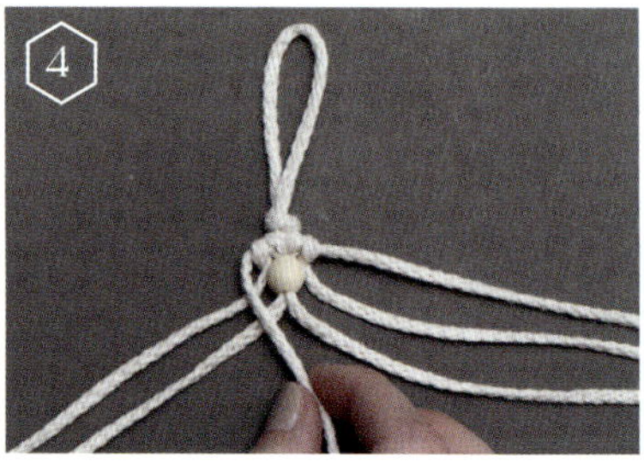

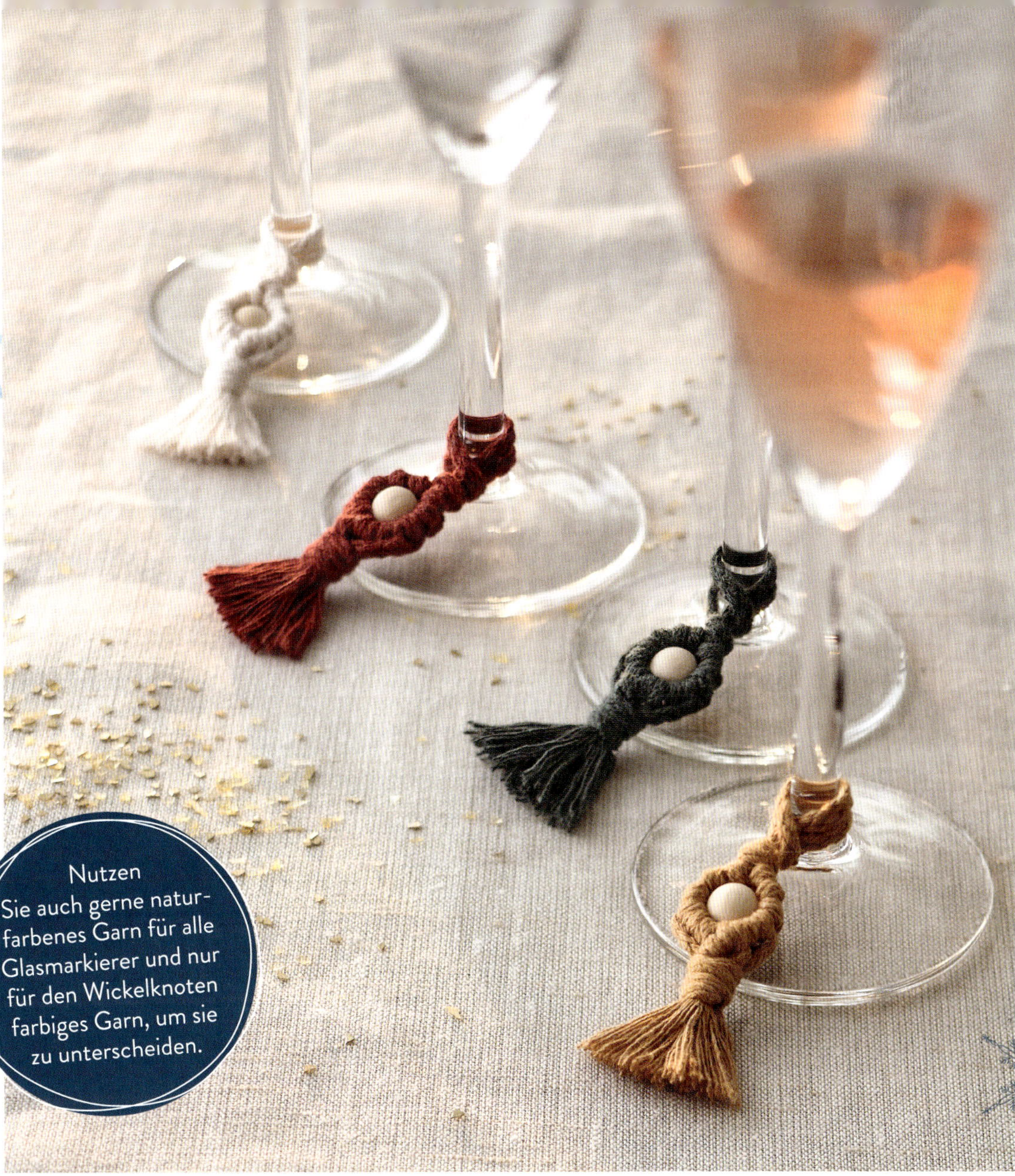

Nutzen Sie auch gerne naturfarbenes Garn für alle Glasmarkierer und nur für den Wickelknoten farbiges Garn, um sie zu unterscheiden.

8. Um den Glasmarkierer am Stiel des Glases zu befestigen, führen Sie die lange Schlaufe um den Stiel und ziehen anschließend das Makramee-Muster durch die Schlaufe.

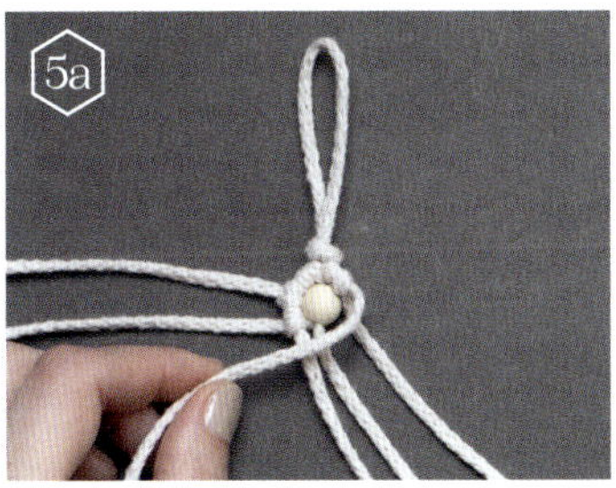

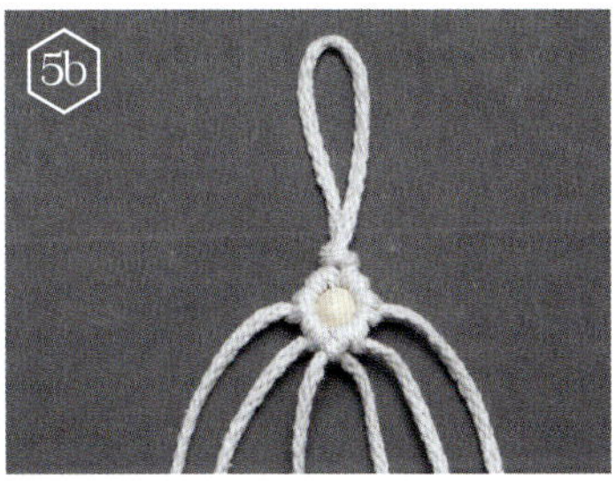

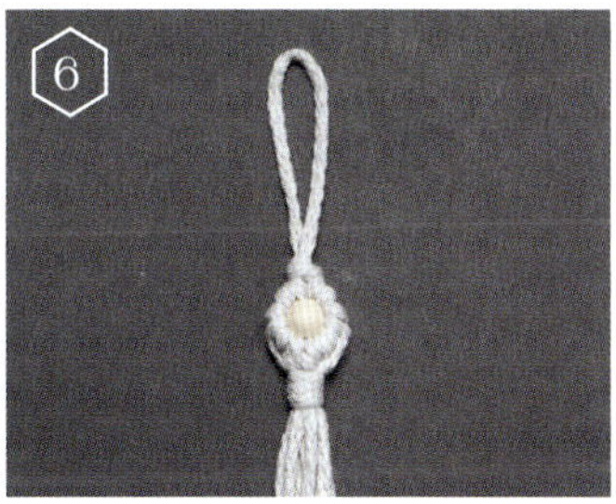

Kleiner Tischläufer

für den besonderen Weihnachtstisch

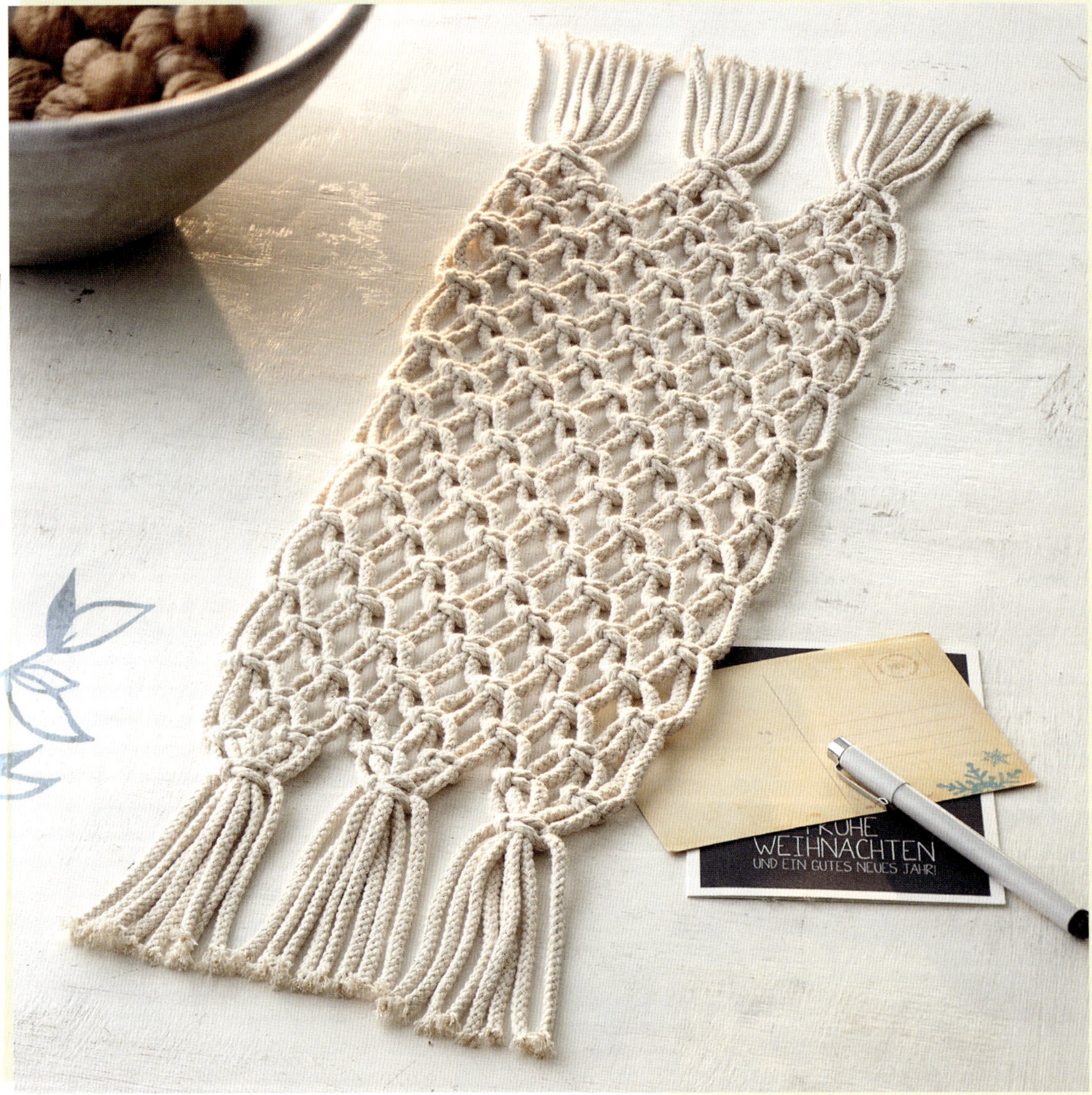

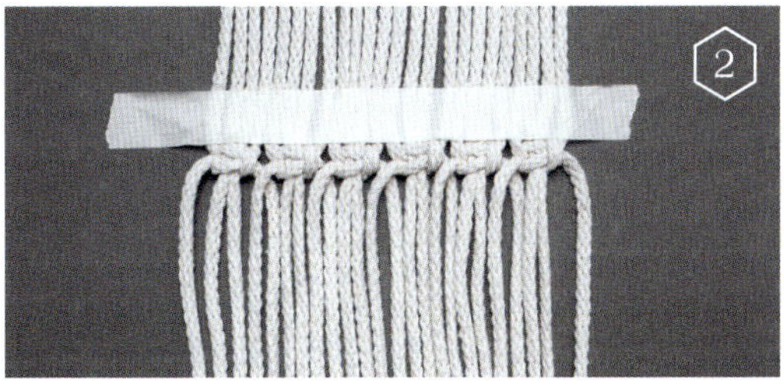

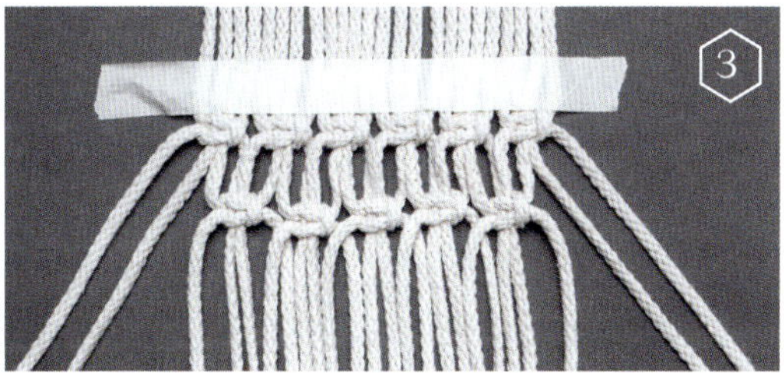

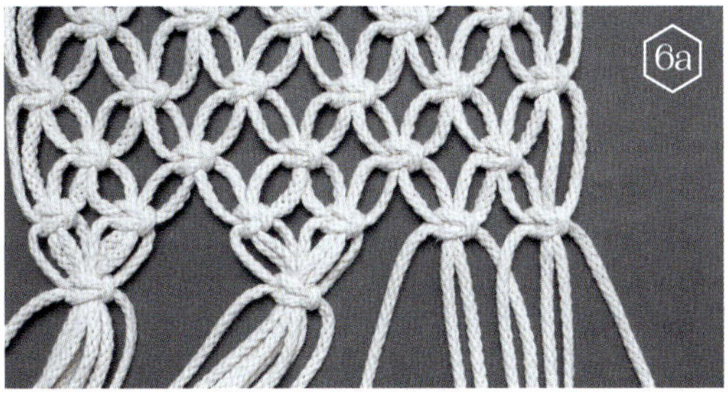

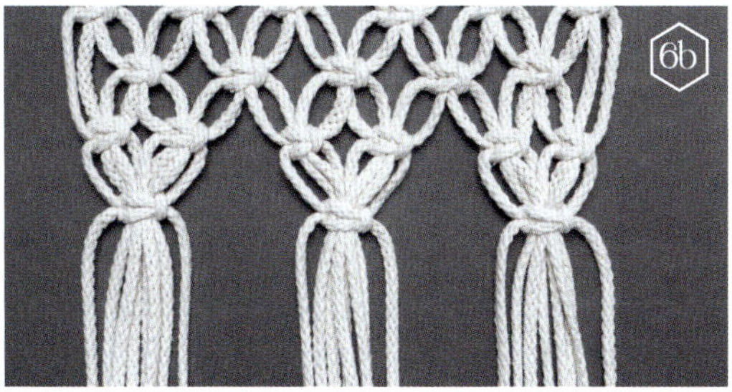

MOTIVLÄNGE
ca. 75 cm

MATERIAL
24 Baumwollfäden in Natur, geflochten, ø 4 mm, 1,5 m lang
(Krepp-)Klebeband • Schere

1. Legen Sie alle Fäden bündig abschließend nebeneinander und fixieren Sie diese mit Klebeband, sodass die untere Kante des Klebebands etwa 20 cm von den oberen Enden der Fäden entfernt ist.

2. Knoten Sie mit allen Strängen sechs Kreuzknoten nebeneinander direkt unter dem Klebeband.

3. Es folgt eine versetzte Reihe Kreuzknoten in einem Abstand von etwa 2 cm zu der Reihe zuvor. Legen Sie dazu die jeweils beiden äußeren Stränge zu Seite. Knoten Sie mit den restlichen 20 Strängen fünf Kreuzknoten 2 cm von der ersten Reihe entfernt.

4. Nehmen Sie die in Schritt 3 zur Seite gelegten Stränge wieder hinzu und knoten Sie sechs Kreuzknoten ebenfalls in einem Abstand von 2 cm zur vorigen Reihe nebeneinander.

5. Wiederholen Sie Schritt 3–4 abwechselnd bis Sie insgesamt 19 Reihen geknotet haben.

6. Um die schmalen Kanten des Tischläufers abzuschließen, nehmen Sie sich die acht Stränge von zwei nebeneinanderliegenden Kreuzknoten. Der jeweils äußere Strang dient nun als Arbeitsfaden. Die sechs mittleren Stränge werden als Trägerfäden genutzt. Knoten Sie mit den Arbeitsfäden einen Kreuzknoten um die sechs Trägerfäden (wieder in einem Abstand von etwa 2 cm zur Reihe zuvor). Zum Schluss sollten jeweils drei große Kreuzknoten den Abschluss des Tischläufers bilden. Schneiden Sie die Enden auf etwa eine Länge von ca. 11 cm zu.

7. Wiederholen Sie Schritt 6 für die andere Seite. Damit die großen Kreuzknoten die gleiche Ausrichtung wie die restlichen Kreuzknoten haben, müssen Sie hier Ihren Kreuzknoten mit dem linken Arbeitsfaden beginnen. Sie knoten also einen rechts gelegten Kreuzknoten.

Dreieckige Untersetzer

praktisch und schön

MOTIVLÄNGE
- ca. 12 cm

MATERIAL
- 28 Baumwollfäden in Natur, geflochten, ø 2–3 mm, 45 cm lang
- Schere
- Kamm
- (Krepp-)Klebeband

1. Legen Sie alle 45 cm langen Fäden bündig abschließend nebeneinander hin und fixieren Sie die Fäden mit Klebeband. Achten Sie darauf, dass nur etwa 2 cm der Fäden mit Klebeband bedeckt sind.

2. Der Untersetzer besteht aus Doppelkreuzknoten. Ein Doppelkreuzknoten sind zwei untereinander geknotete Kreuzknoten. Knoten Sie in der ersten Reihe mit allen Strängen sieben Doppelkreuzknoten nebeneinander.

3. Legen Sie die jeweils beiden äußeren Stränge zur Seite. Mit den restlichen 24 Strängen sechs Doppelkreuzknoten knoten.

4. Für die dritte Reihe werden erneut zusätzlich die jeweils beiden äußeren Stränge zur Seite gelegt, sodass nur noch 20 Stränge vor Ihnen liegen. Knoten Sie damit fünf Doppelkreuzknoten.

5. Wiederholen Sie das Vorgehen der Schritte 3–4. Legen Sie in jeder neuen Reihe zusätzlich zwei Stränge auf beiden Seiten weg und knoten Sie mit den restlichen Strängen Doppelkreuzknoten, bis Sie nur noch einen Doppelkreuzknoten geknotet haben.

6. Kürzen Sie die Enden auf etwa 2 cm, kämmen Sie diese aus und schneiden Sie sie erneut in Form.

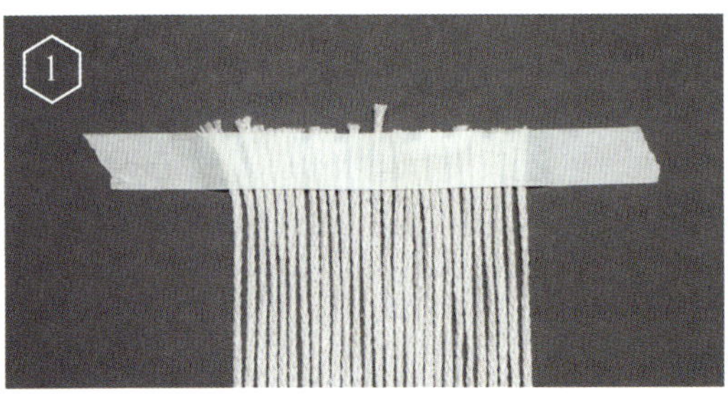

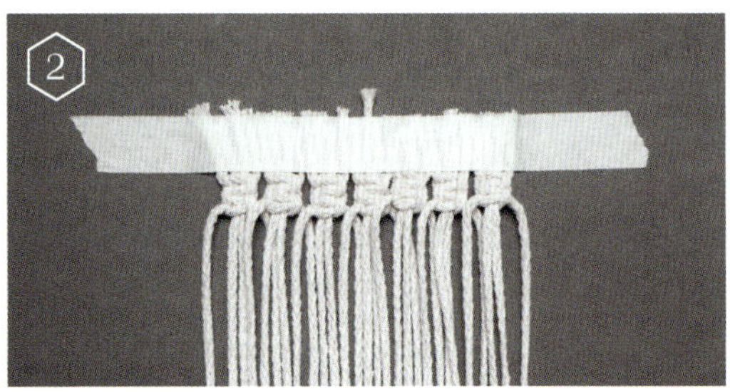

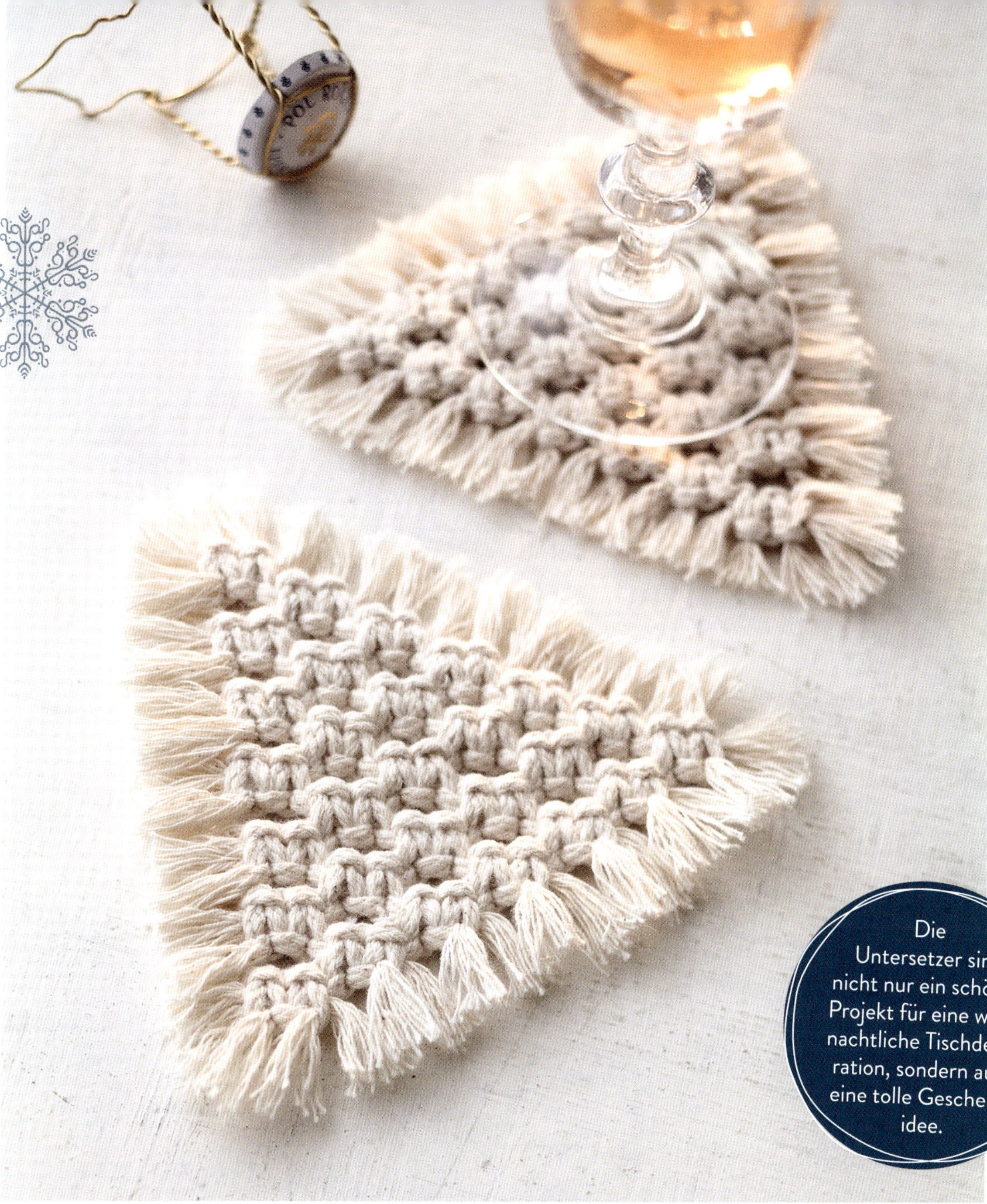

Die Untersetzer sind nicht nur ein schönes Projekt für eine weihnachtliche Tischdekoration, sondern auch eine tolle Geschenkidee.

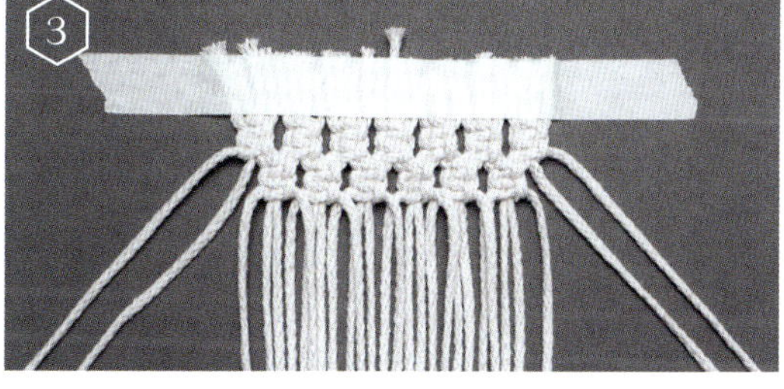

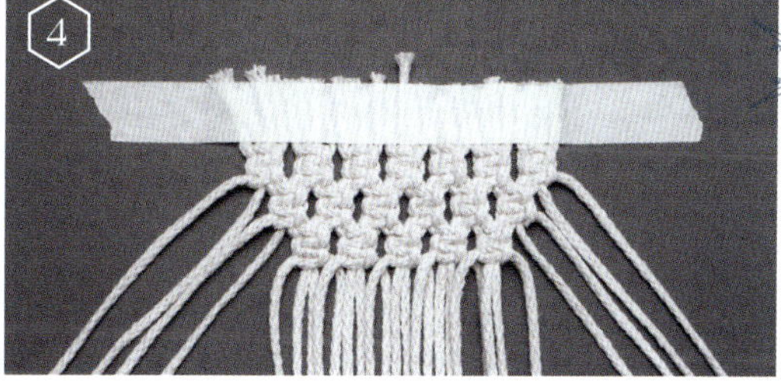

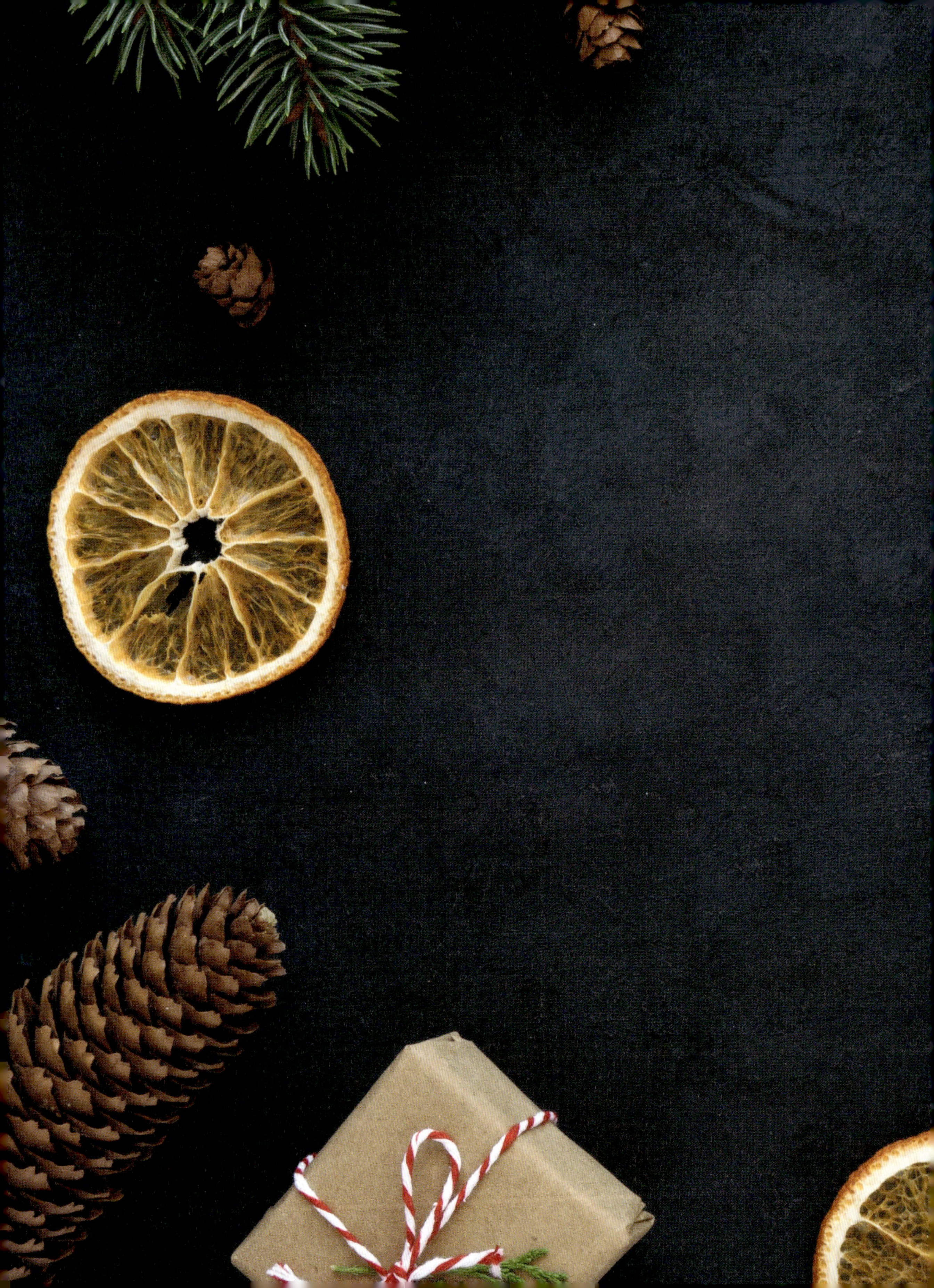

Weihnachtliche Geschenke

Schönes Flaschen-Leibchen

außergewöhnlich verpackt

MOTIVHÖHE

- ca. 24 cm

MATERIAL

- 15 Baumwollfäden in Natur, geflochten, ø 2–3 mm, 1,20 m lang
- Baumwollfaden in Natur, geflochten, ø 2–3 mm, 1,40 m lang
- Flasche, ø 7 cm, 31 cm hoch
- Schere

1. Befestigen Sie alle 1,20 m langen Fäden mittig an dem 1,40 m langen Faden.

2. Den 1,40 m langen Faden unten um den Flaschenhals führen und mit einem Doppelknoten die Enden verknoten. Die beiden Enden des Doppelknotens werden zum Knoten des Musters verwendet.

3. Knoten Sie mit allen 32 Strängen acht Kreuzknoten nebeneinander rundherum um die Flasche.

4. Es folgt eine versetzte Reihe Kreuzknoten, die in einem Abstand von etwa 1 cm zur Reihe zuvor geknotet wird. Dazu nehmen Sie die beiden rechten Stränge eines Kreuzknotens und die beiden linken Stränge des danebenliegenden Kreuzknotens. Knoten Sie mit diesen vier Strängen einen neuen Kreuzknoten im Abstand von 1 cm zu den anderen beiden Kreuzknoten.

5. Wiederholen Sie Schritt 4 mit allen weiteren Strängen, bis Sie erneut acht Kreuzknoten um die Flasche herum geknotet haben.

6. Schritt 4–5 wiederholen, bis Sie insgesamt sieben Reihen Kreuzknoten geknotet haben.

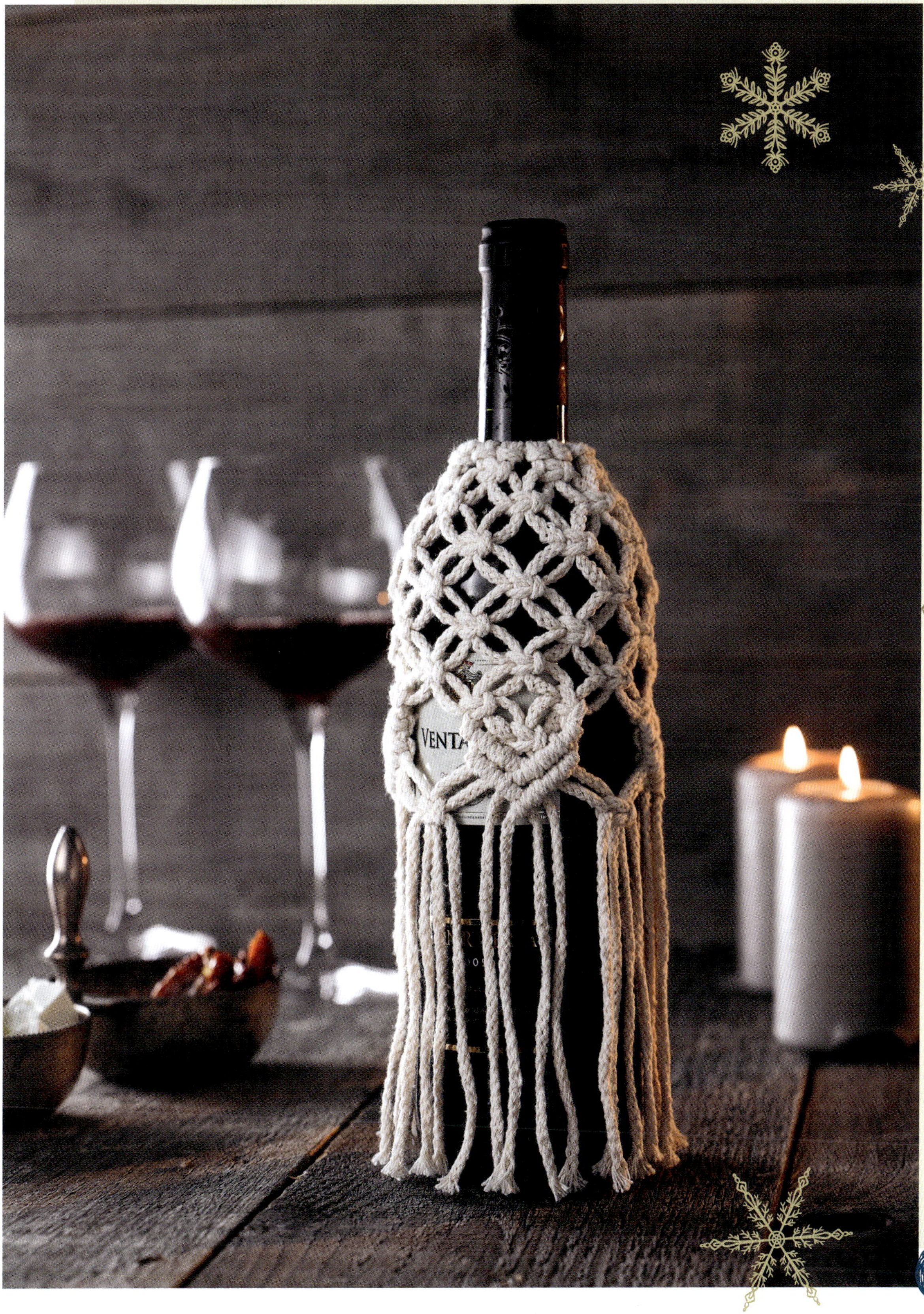

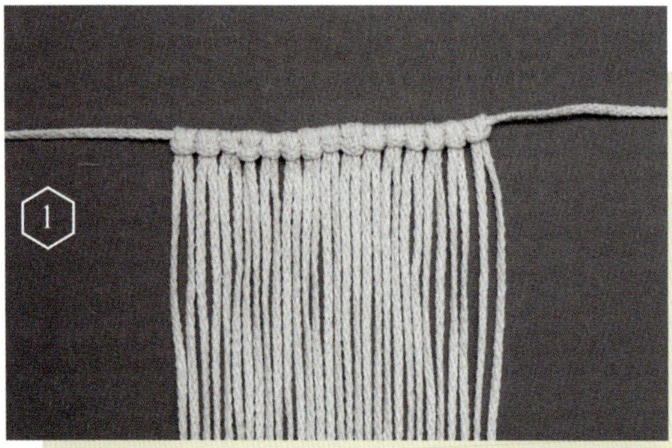
1

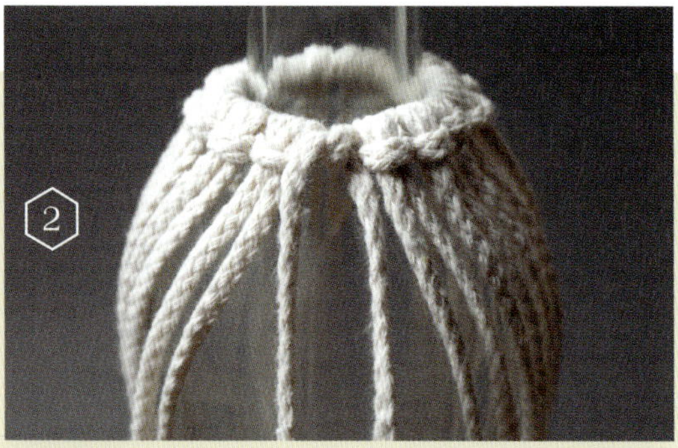
2

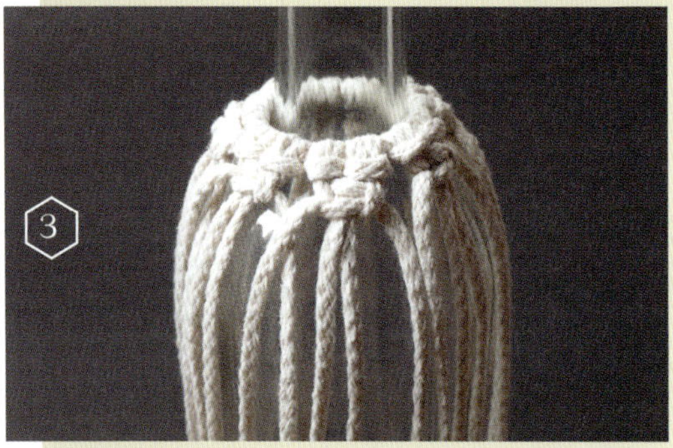
3

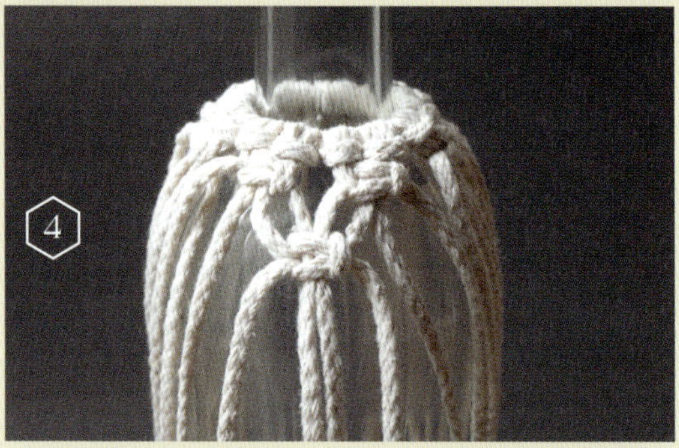
4

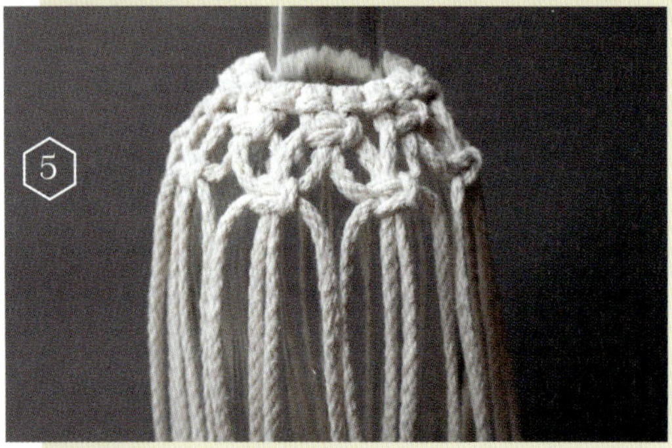
5

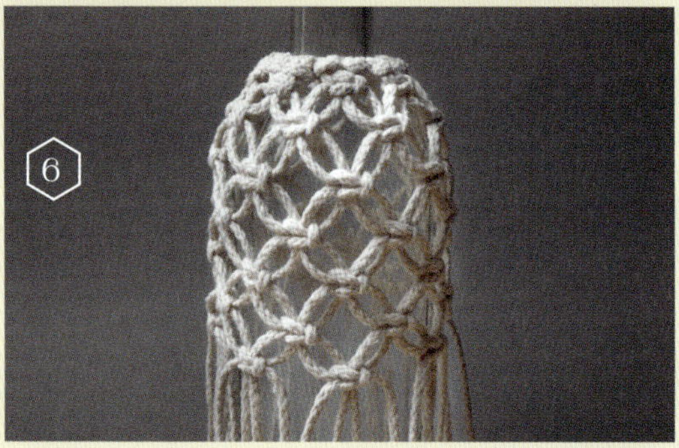
6

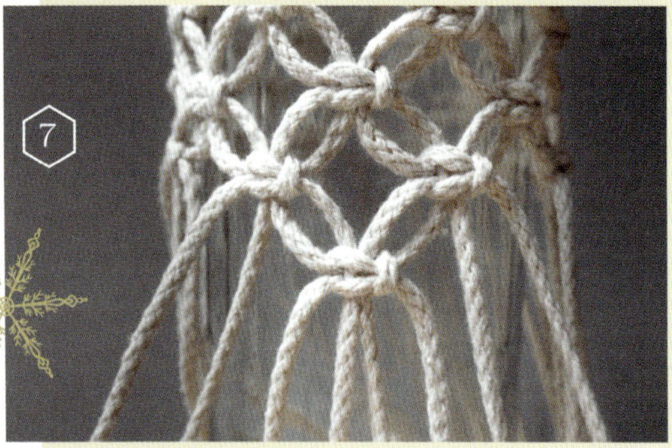
7

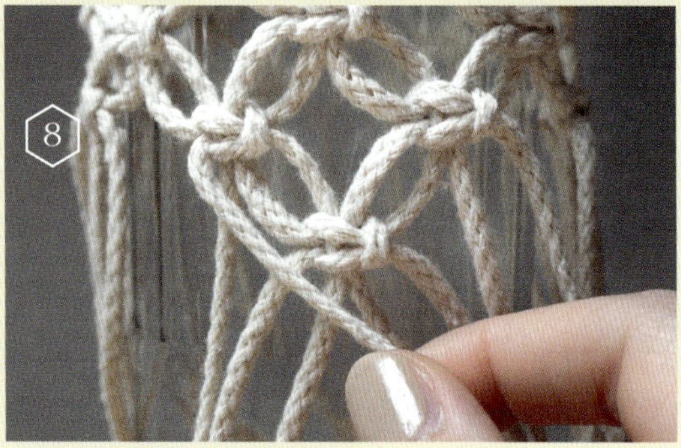
8

7. Nehmen Sie sich nun die acht Stränge von zwei Kreuzknoten und knoten Sie mit den mittleren vier Strängen erneut einen versetzten Kreuzknoten. Er wird wieder in einem Abstand von etwa 1 cm zur Reihe zuvor geknotet.

8. Es folgt eine Reihe Rippenknoten. Teilen Sie alle acht Stränge in der Mitte, sodass jeweils vier Stränge auf der rechten und linken Seite liegen. Legen Sie die vier Stränge der rechten Seite weg. Der obere Strang der linken Seite dient als Trägerfaden und wird schräg nach unten in die Mitte über die drei Arbeitsfäden gehalten. Knoten Sie eine Reihe Rippenknoten.

9. Wiederholen Sie Schritt 8 für die rechte Seite. Um die Reihe Rippenknoten in der Mitte zu verbinden, nutzen Sie den Trägerfaden der linken Seite als zusätzlichen Arbeitsfaden.

10. Eine zweite Reihe Rippenknoten knoten. Wiederholen Sie dazu Schritt 8–9.

11. Wiederholen Sie Schritt 7–10 einmal um die Flasche herum, bis Sie vier Dreiecke aus Kreuzknoten und Rippenknoten geknotet haben. Nehmen Sie sich als für jedes neue Dreieck die nächsten beiden Kreuzknoten vor.

12. Zum Schluss werden die Dreiecke mit einem Kreuzknoten verbunden. Knoten Sie dazu mit den jeweils beiden oberen Strängen benachbarter Dreiecke einen Kreuzknoten in einem Abstand von etwa 2 cm zu den Dreiecken. Wiederholen Sie das für alle Zwischenräume der Dreiecke.

13. Kürzen Sie die Enden auf Höhe der Flasche.

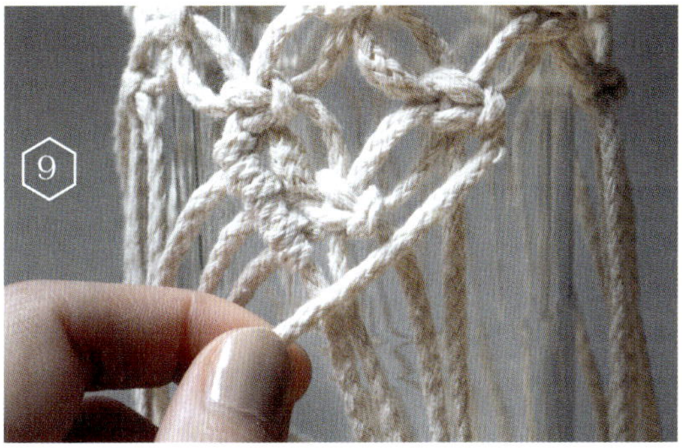

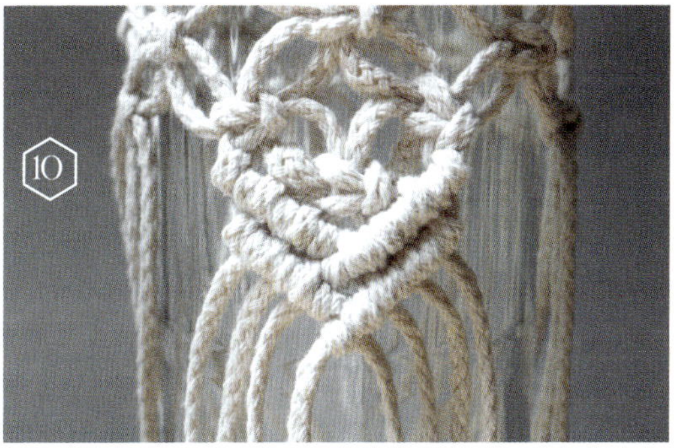

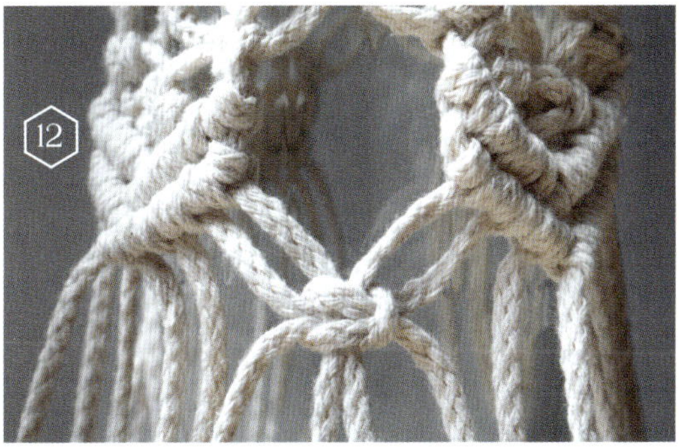

Das Flaschenleibchen kann auch als Tischdekoration z. B. an einer leeren Flasche als Kerzenhalter genutzt werden.

Geschenkanhänger Tassel

schnell und dekorativ

MOTIVLÄNGE

- ca. 13 cm

MATERIAL

- Baumwollfaden in Natur, einfach gezwirnt, ø 2–3 mm, 35 cm lang
- 10 Baumwollfäden in Natur, einfach gezwirnt, ø 2–3 mm, 20 cm lang
- Baumwollfaden in Purpurrot, einfach gezwirnt, ø 2–3 mm, 30 cm lang
- Holzperle, ø 2 cm
- Schere
- (Krepp-)Klebeband
- Kamm

1. Legen Sie den 35 cm langen Baumwollfaden mittig zusammen. 1 cm von der Schlaufe entfernt setzen Sie einen ganz normalen Knoten und fädeln anschließend die 2 cm große Holzperle auf.

2. Danach die 20 cm langen Baumwollfäden mittig zwischen die beiden Enden des Fadens aus Schritt 1 positionieren.

3. Verknoten Sie den Faden aus Schritt 1, um so die 20 cm langen Fäden zu fixieren.

4. Alle Fäden nach unten führen und mit einem Wickelknoten etwa 1 cm von der Holzperle entfernt zusammenhalten. Für den Wickelknoten einen 30 cm langen zusätzlichen Faden nutzen. Kämmen Sie im Anschluss die Enden aus und kürzen Sie diese auf eine Länge.

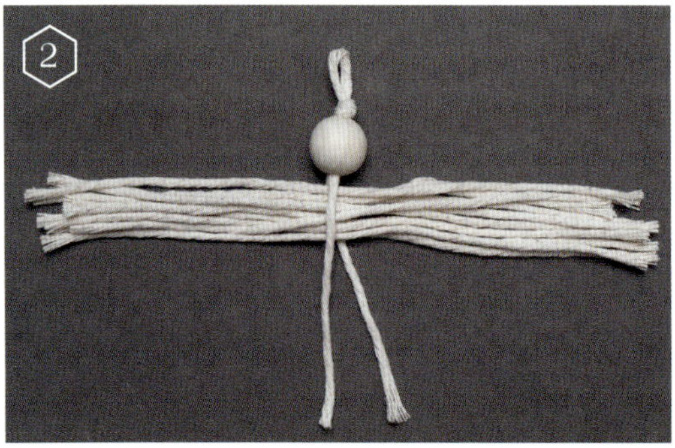

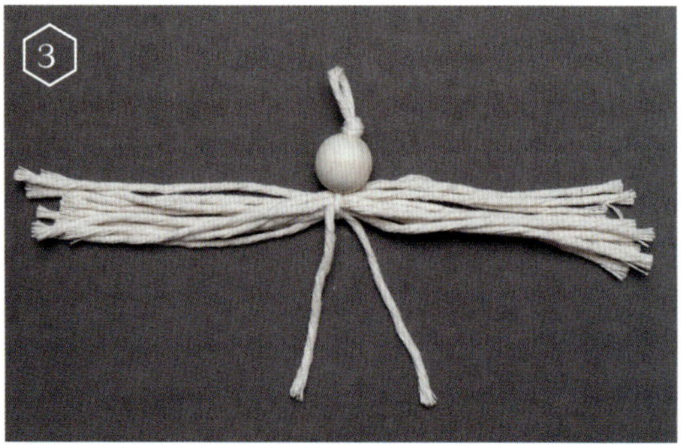

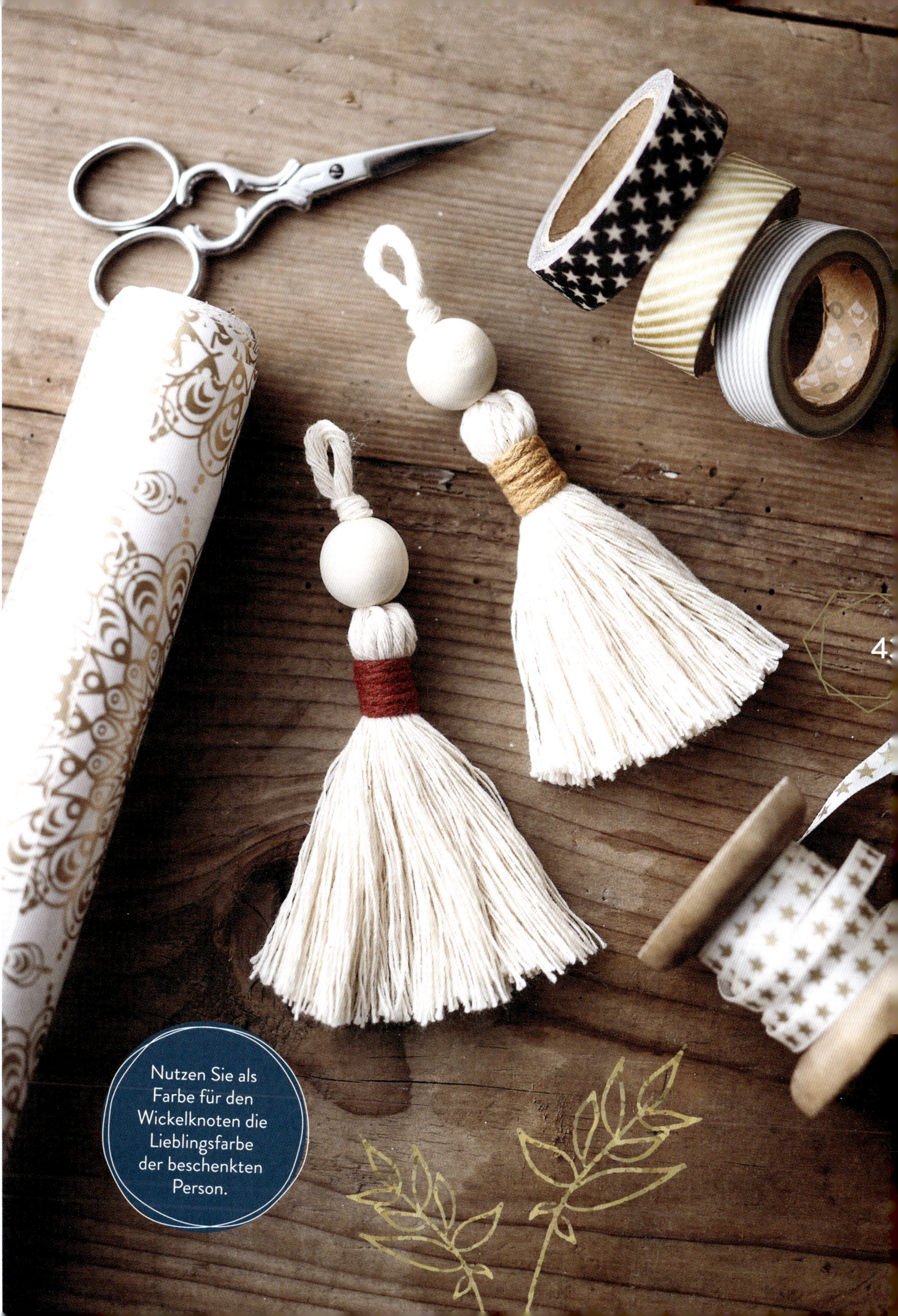

Nutzen Sie als Farbe für den Wickelknoten die Lieblingsfarbe der beschenkten Person.

Geknüpftes Lesezeichen

für Buchliebhaber

MOTIVLÄNGE

- ca. 33 cm

MATERIAL

- 5 Baumwollfäden in Natur, geflochten, ø 2–3 mm, 2,10 m lang
- 2 Baumwollfäden in Natur, geflochten, ø 2–3 mm, 30 cm lang
- Holzperle, ø 1,5 cm
- Holzperle, ø 1 cm
- Schere

1. An einem der 30 cm langen Baumwollfäden mittig alle 2,10 m langen Fäden mit dem von vorne geknoteten Ankerknoten befestigen.

2. Teilen Sie die Stränge in der Mitte auf, sodass fünf Stränge auf beiden Seiten liegen. Legen Sie die fünf Stränge der einen Seite weg. Auf der anderen Seite wird eine Reihe Rippenknoten geknotet. Halten Sie dazu den äußeren Faden als Trägerfaden in einem Winkel von etwa 45° über die vier Arbeitsfäden schräg nach unten in die Mitte. Knoten Sie eine Reihe Rippenknoten.

3. Wiederholen Sie Schritt 2 für zwei weitere Reihen Rippenknoten, bis Sie drei Reihen Rippenknoten geknotet haben. Nutzen Sie immer den obersten Strang als Trägerfaden und die restlichen Stränge als Arbeitsfäden. Der Trägerfaden der Reihe zuvor wird so zum letzten Arbeitsfaden.

4. Wiederholen Sie Schritt 2–3 für die andere Seite.

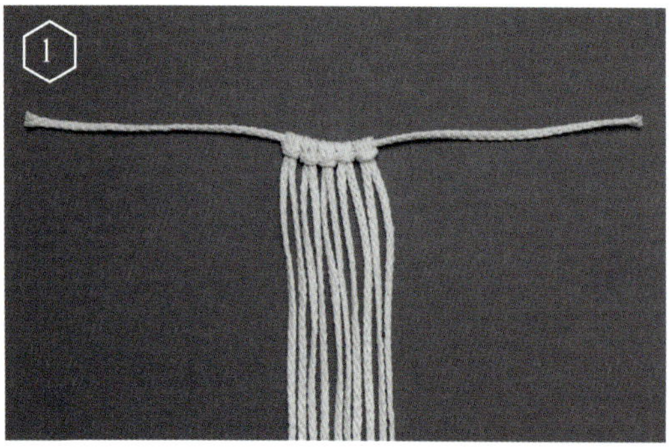

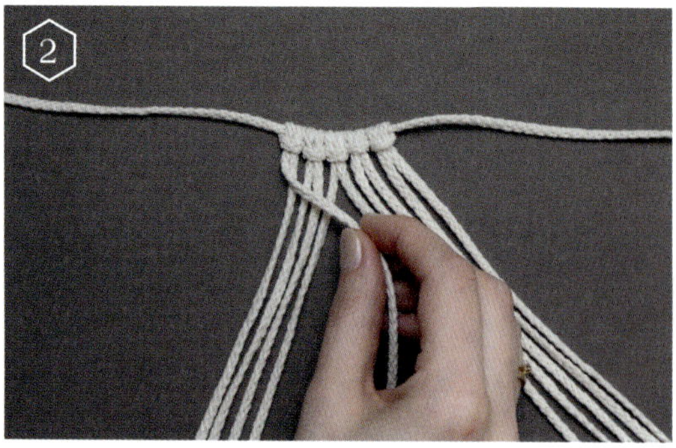

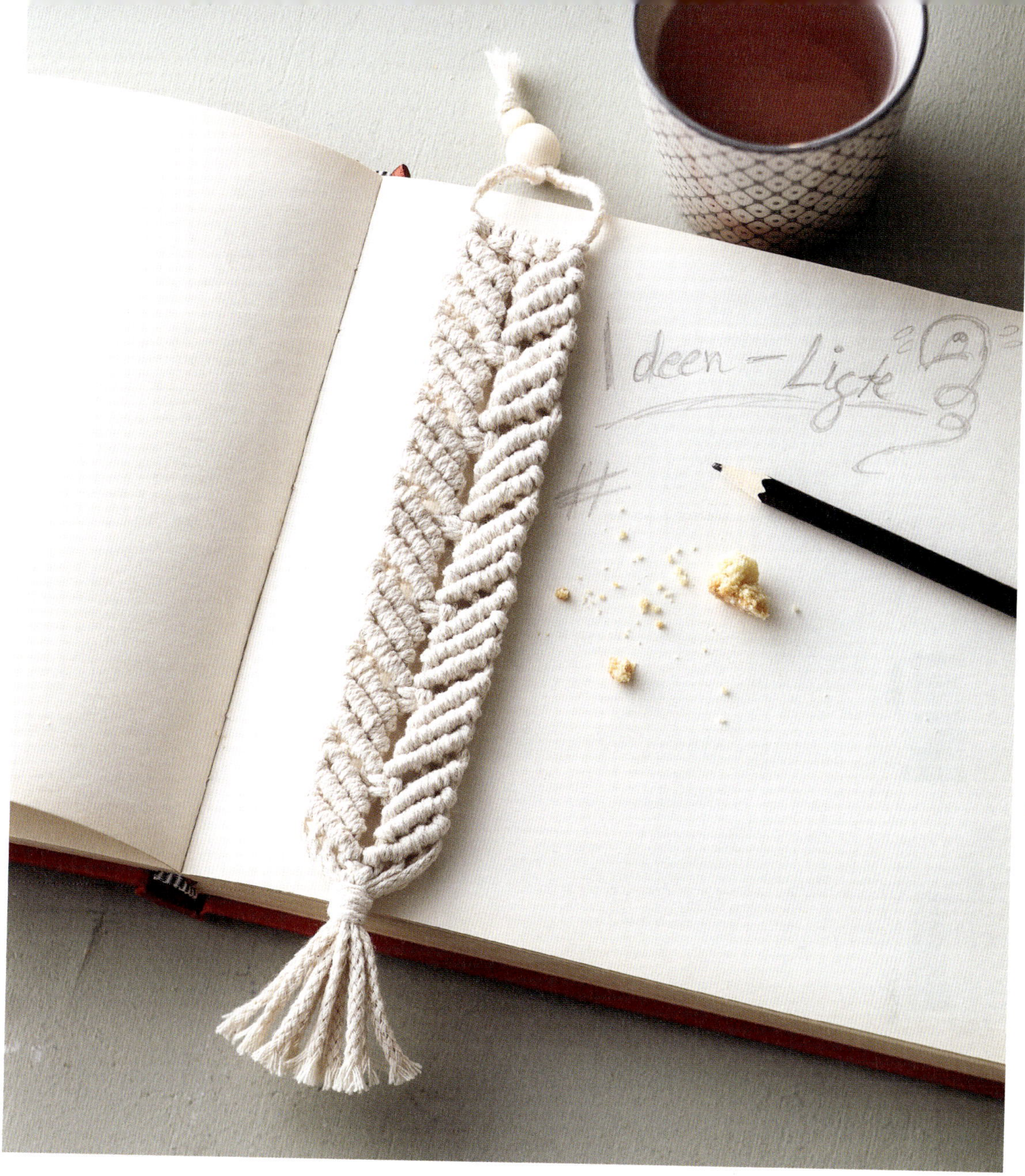
Ideen - Liste

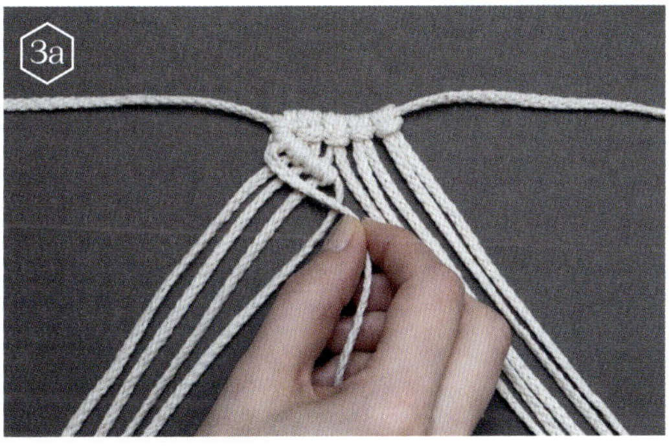
3a

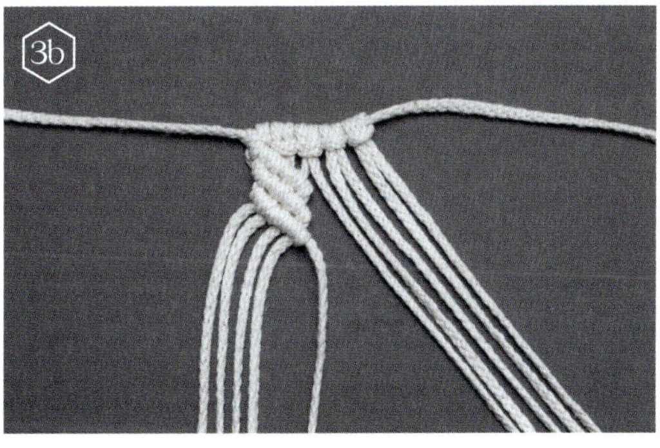
3b

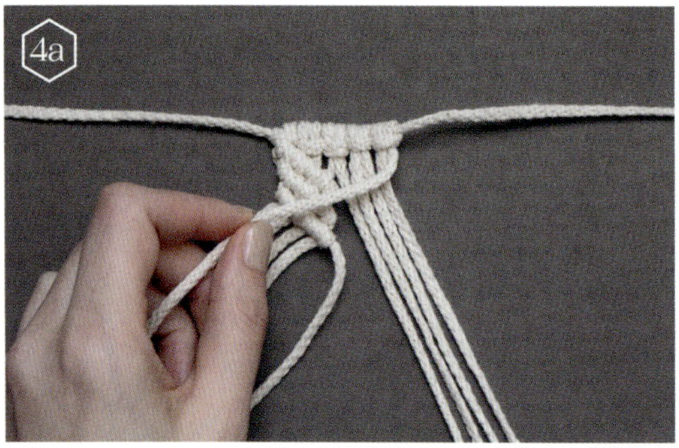

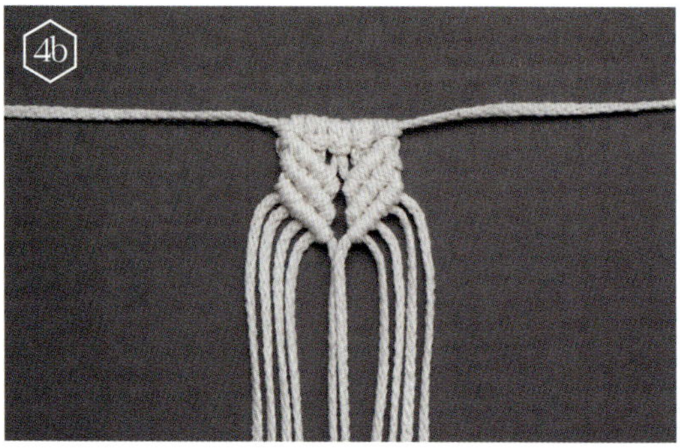

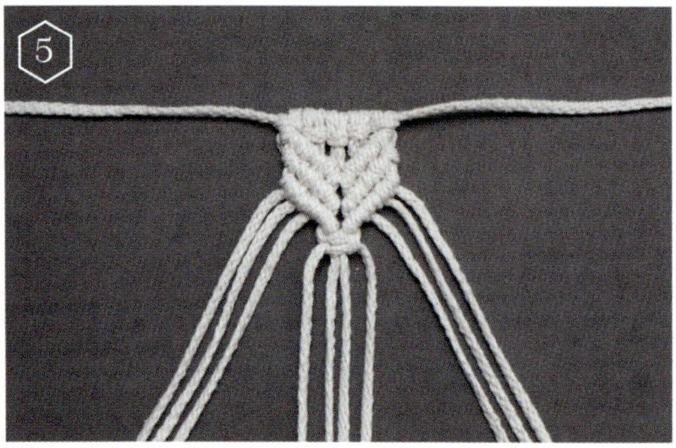

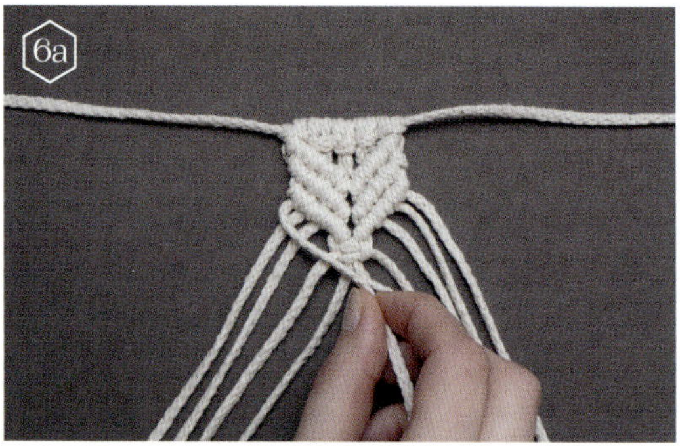

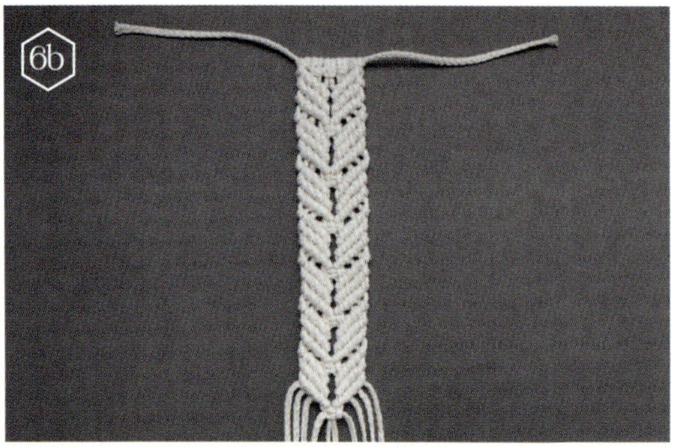

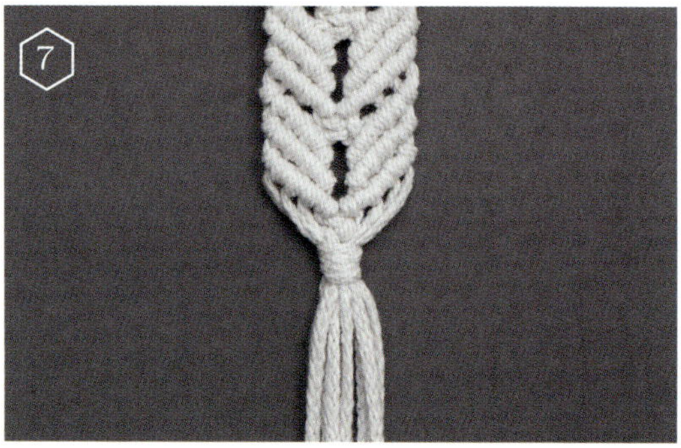

5. Knoten Sie mit den vier mittleren Strängen einen Kreuzknoten. Legen Sie dazu die jeweils drei äußeren Stränge zur Seite.

6. Wiederholen Sie Schritt 2–5 bis sie insgesamt sieben Abfolgen der drei Reihen Rippenknoten gefolgt von einem Kreuzknoten geknotet haben. Achten Sie darauf, dass zwischen der Reihe Rippenknoten, die auf einen Kreuzknoten folgen und der Rippenknoten Reihe vor dem Kreuzknoten, ein Abstand von etwa 0,5 cm entsteht.

7. Führen Sie alle Stränge mittig unter dem letzten Kreuzknoten zusammen und fixieren Sie diese mit einem Wickelknoten. Nutzen Sie dazu einen zusätzlichen 30 cm langen Faden. Kürzen Sie anschließend die Enden.

8. Zum Schluss auf beide Enden des 30 cm langen Fadens aus Schritt 1 erst eine 1,5 cm große Holzperle, im Anschluss eine 1 cm große Holzperle auffädeln und die beiden Enden miteinander verknoten.

Schlüssel Anhänger

ein besonderes Andenken

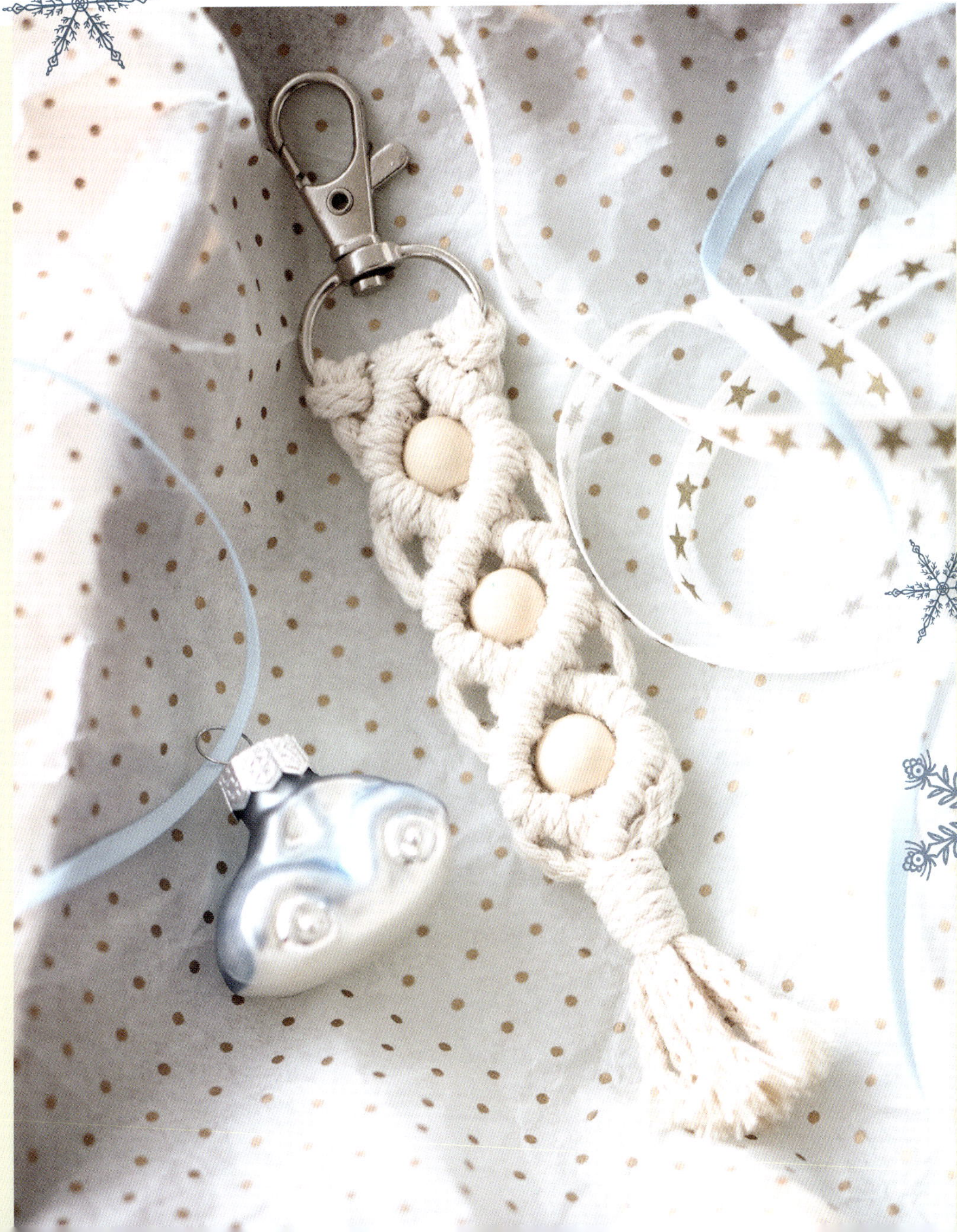

MOTIVLÄNGE

- ca. 10,5 cm (ohne Karabiner gemessen)

MATERIAL

- 3 Baumwollfäden in Natur, geflochten, ø 2–3 mm, 90 cm lang
- Baumwollfaden in Natur, geflochten, ø 2–3 mm, 30 cm lang
- Karabiner, 2 cm Öse
- 2 Holzperlen, ø 8 mm
- Schere

1. Befestigen Sie drei 90 cm lange Baumwollfäden mit dem von vorne geknoteten Ankerknoten am Karabiner.

2. Die Stränge in der Mitte aufteilen, sodass jeweils drei Stränge auf der rechten und linken Seite liegen. Legen Sie die drei Stränge der rechten Seite weg. Halten Sie den äußeren rechten Strang der linken Stränge als Trägerfaden in einem Winkel von 45° zum Karabiner über die zwei Arbeitsfäden nach links unten. Eine Reihe Rippenknoten knoten.

3. Wiederholen Sie Schritt 2 für die Stränge der rechten Seite. Halten Sie hier den äußeren linken Strang als Trägerfaden nach rechts unten.

4. Fädeln Sie auf die beiden mittleren Stränge eine Holzperle auf.

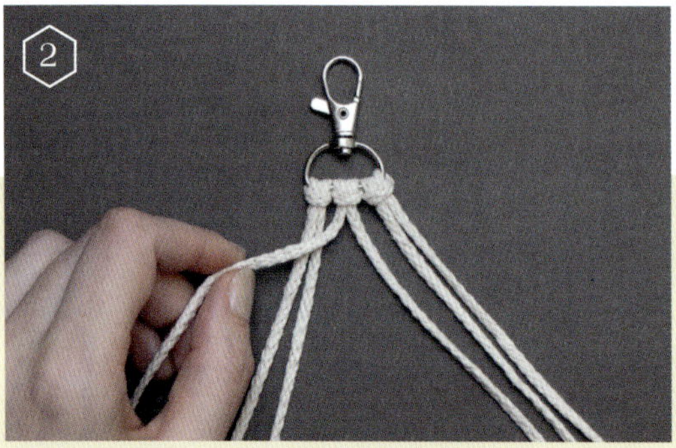

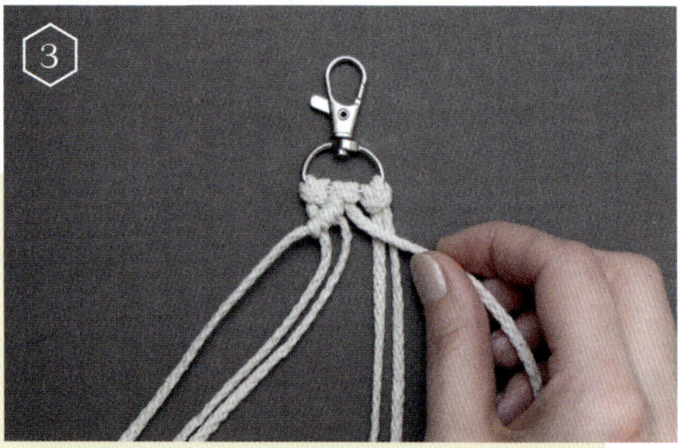

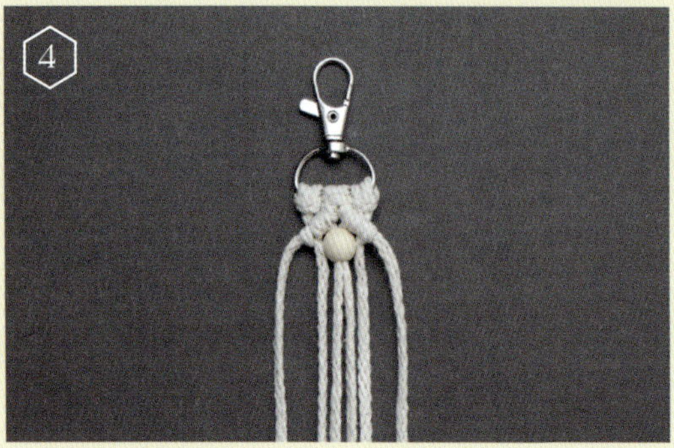

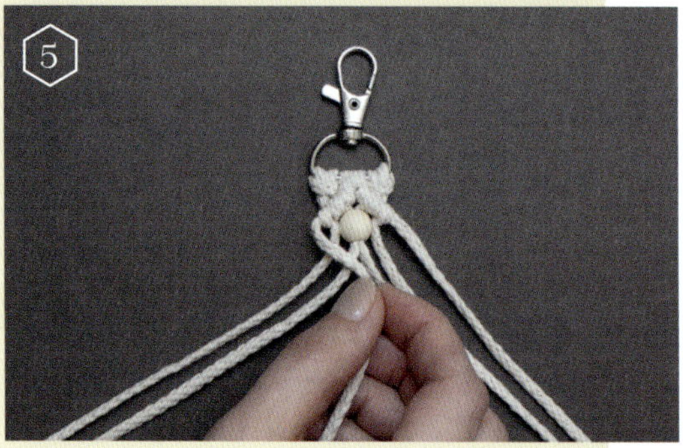

5. Teilen Sie wieder alle Stränge in der Mitte auf und legen Sie die Stränge der rechten Seite weg. Den äußeren linken Strang der linken Stränge als Trägerfaden über die beiden Arbeitsfäden nach rechts unten in Richtung Mitte halten. Knoten Sie eine Reihe Rippenknoten.

6. Wiederholen Sie Schritt 5 für die rechten Stränge. Hier dient der äußere rechte Strang als Trägerfaden und wird schräg nach unten gehalten. Verbinden Sie die beiden zueinander laufenden Reihen Rippenknoten in der Mitte, indem Sie den Trägerfaden der linken Seite als zusätzlichen, dritten Arbeitsfaden für die rechte Seite nutzen.

7. Schritte 2-6 wiederholen, bis Sie drei mit einer Perle gefüllte Rippenknoten-Zellen geknotet haben.

8. Führen Sie die Stränge mittig zusammen und fixieren Sie diese mit einem Wickelknoten direkt unter dem Muster. Für den Wickelknoten einen zusätzlichen 30 cm langen Faden nutzen.

9. Kürzen Sie die Enden auf die gewünschte Länge.

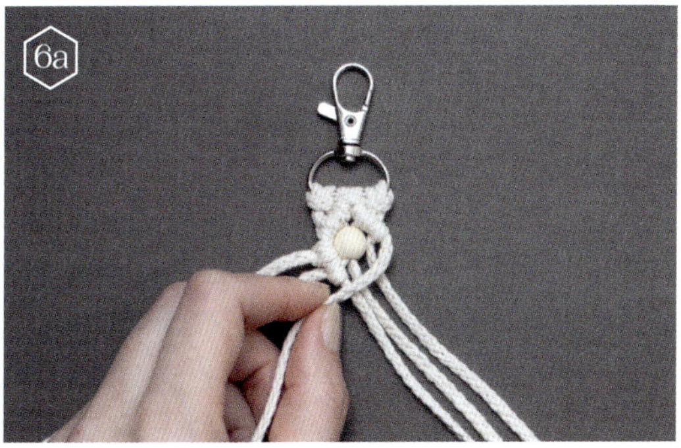

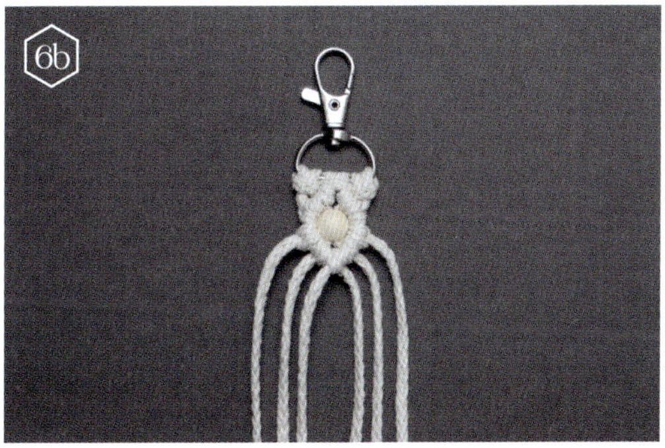

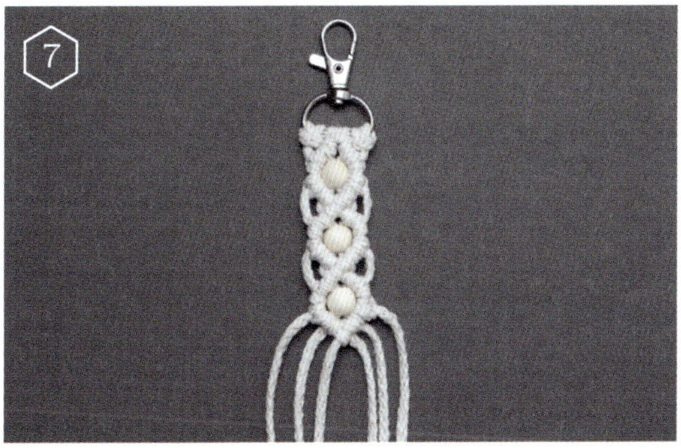

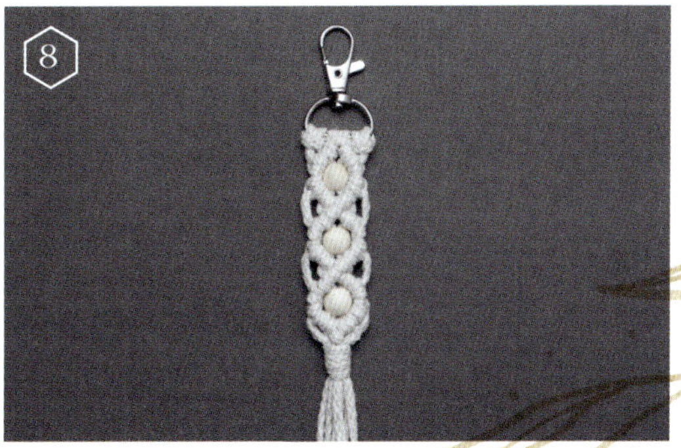

Kleiner Tannenbaum

als Geschenkanhänger

MOTIVLÄNGE

- ca. 14,5 cm

MATERIAL

- Baumwollfaden in Natur, geflochten, ø 2–3 mm, 1 m
- 4 Baumwollfäden in Natur, geflochten, ø 2–3 mm, 80 cm lang
- 2 Baumwollfäden in Natur, geflochten, ø 2–3 mm, 70 cm lang
- 2 Baumwollfäden in Natur, geflochten, ø 2–3 mm, 60 cm lang
- Baumwollfaden in Tannengrün, geflochten, ø 2–3 mm, 30 cm lang
- Holzring, ø 4 cm
- Schere
- Kamm

1. Befestigen Sie den 1 m langen Baumwollfaden mit dem von vorne geknoteten Ankerknoten unten am Holzring.

2. An den beiden Strängen des Fadens aus Schritt 1 jeweils zwei 80 cm lange Baumwollfäden mit dem von hinten geknoteten Ankerknoten befestigen.

3. Die fünf Stränge der rechten Seite weglegen. Knoten Sie mit den linken fünf Strängen eine nach außen verlaufende Reihe Rippenknoten. Der rechte Strang dient dazu als Trägerfaden. Halten Sie diesen parallel zu den in Schritt 2 befestigten Fäden über den Arbeitsfäden nach links unten. Mit den vier Arbeitsfäden die Reihe Rippenknoten knoten.

4. Wiederholen Sie Schritt 3 für die Stränge der rechten Seite.

5. Schritt 3-4 für eine dritte Reihe Rippenknoten wiederholen. Hier werden die Trägerfäden der Reihe zuvor als letzten Arbeitsfaden genutzt.

6. Bevor auf beiden Seiten eine weitere Reihe Rippenknoten geknotet wird, befestigen Sie jeweils einen 70 cm langen Faden mit dem von hinten geknoteten Ankerknoten an dem Trägerfaden aus Schritt 5.

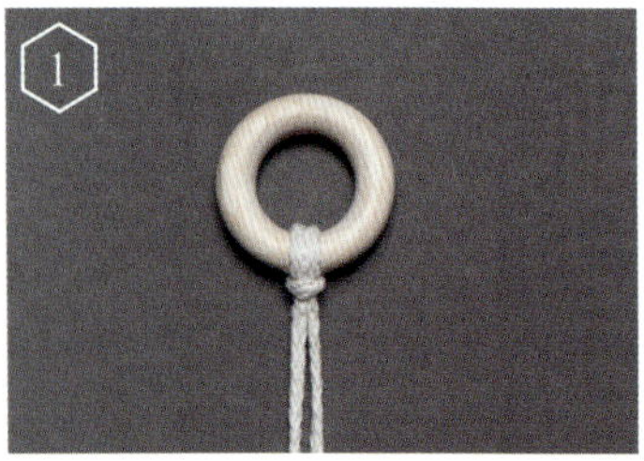

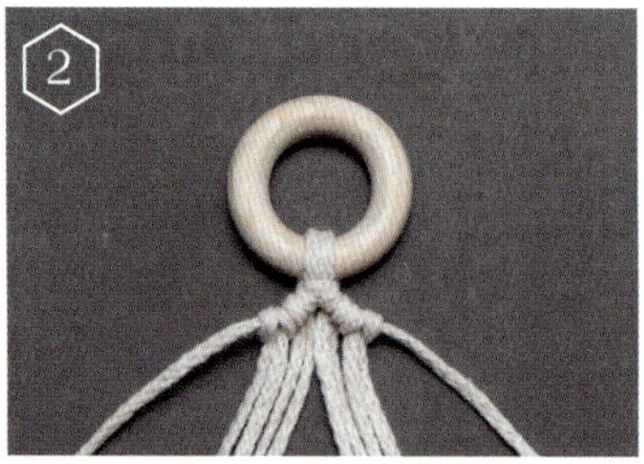

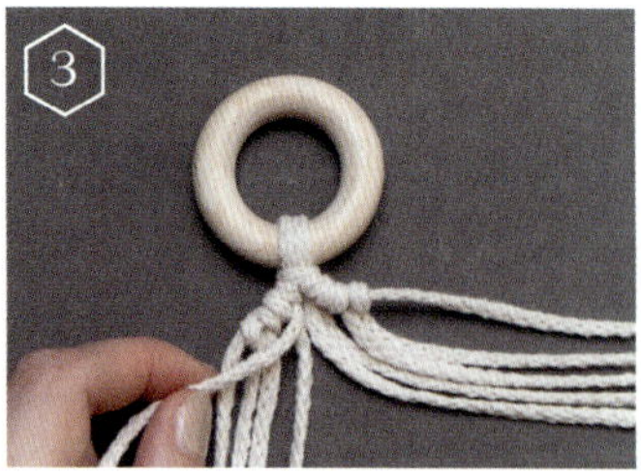

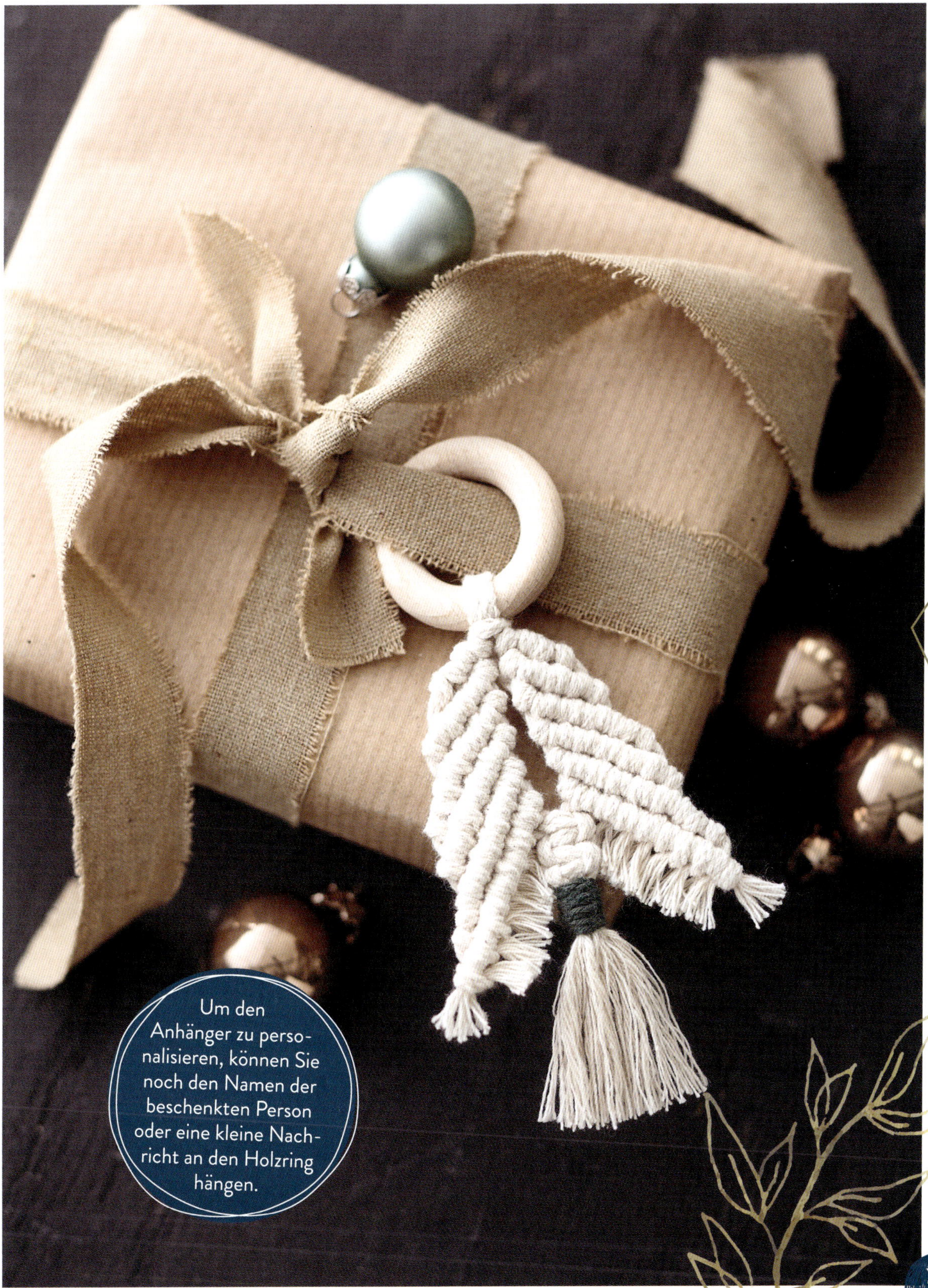

Um den Anhänger zu personalisieren, können Sie noch den Namen der beschenkten Person oder eine kleine Nachricht an den Holzring hängen.

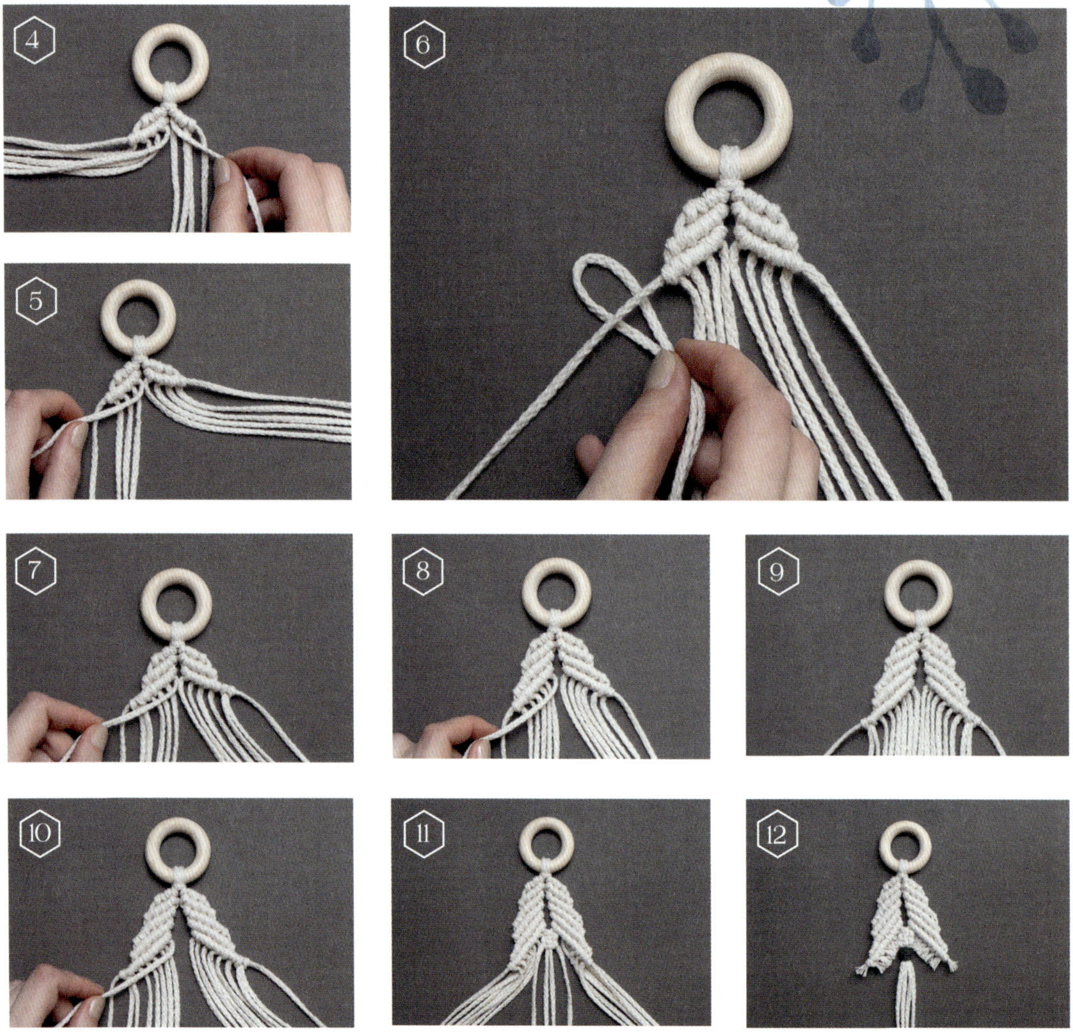

7. Knoten Sie auf beiden Seiten eine Reihe Rippenknoten, wie auch schon die Schritte zuvor beschrieben. Nun knoten Sie mit sechs Arbeitsfäden.

8. Wiederholen Sie Schritt 7 für die fünfte Reihe Rippenknoten.

9. Schritt 6 mit jeweils 60 cm langen Fäden wiederholen.

10. Knoten Sie auf beiden Seiten eine weitere Reihe Rippenknoten – nun mit acht Arbeitsfäden.

11. Mit den vier mittleren Fäden zwei Kreuzknoten untereinander knoten.

12. Knoten Sie mit einem 30 cm langen Faden einen Wickelknoten um die vier Stränge aus Schritt 11, kürzen Sie die Enden und kämmen Sie diese aus.

Praktischer Fotohalter

für die schönsten Momente

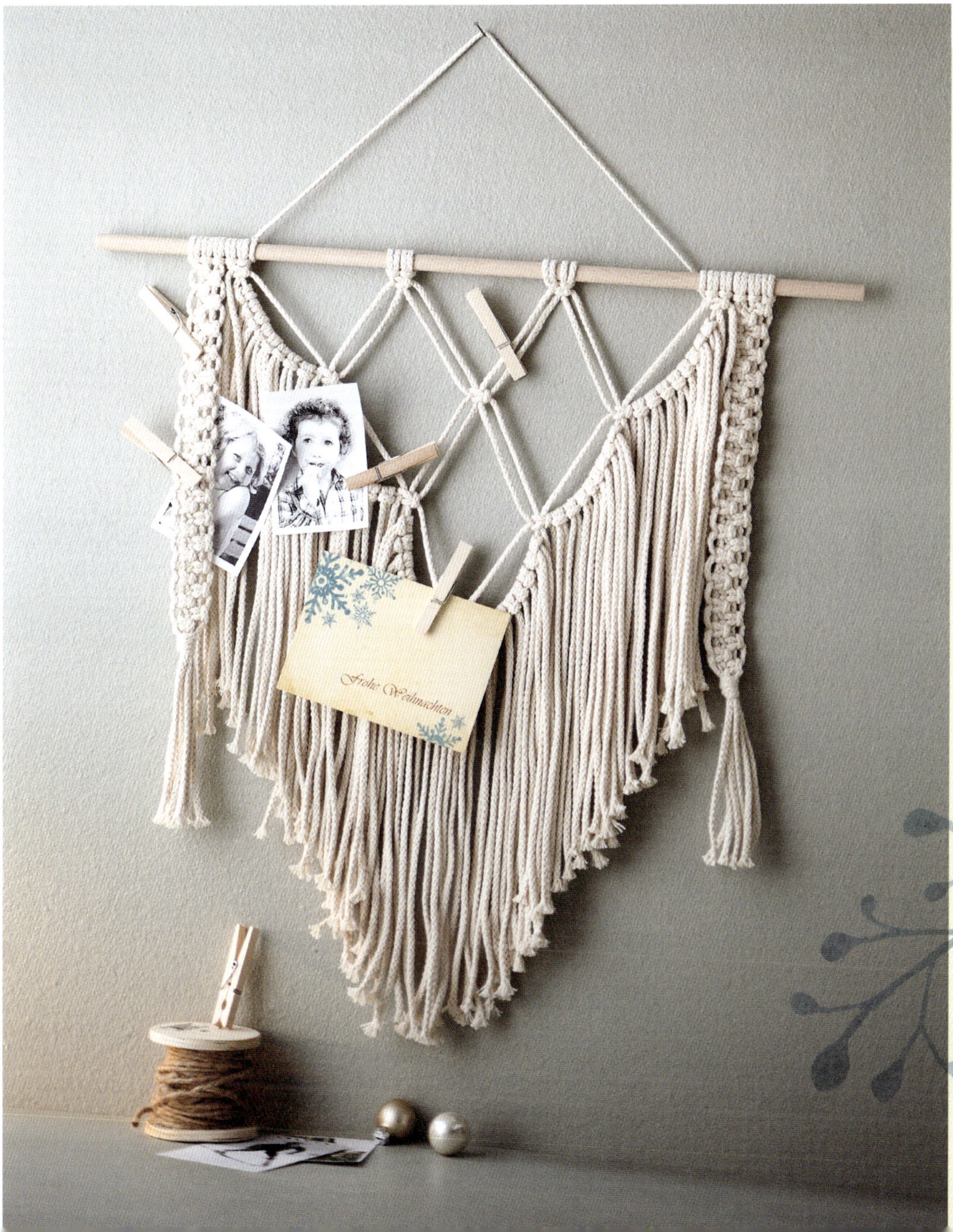

MOTIVLÄNGE

- ca. 57 cm (ohne Aufhängung gemessen)

MATERIAL

- 8 Baumwollfäden in Natur, geflochten, ø 4 mm, 1,60 m lang
- 48 Baumwollfäden in Natur, geflochten, ø 4 mm, 70 cm lang
- 6 Baumwollfäden in Natur, geflochten, ø 4 mm, 2,50 m lang
- 2 Baumwollfäden in Natur, geflochten, ø 4 mm, 60 cm lang
- Baumwollfaden in Natur, geflochten, ø 4 mm, 80 cm lang
- Rundholz, ø 1 cm, 60 cm lang
- Schere

1. Befestigen Sie alle 1,60 m langen Fäden mit dem von vorne geknoteten Ankerknoten so an dem Rundholz, dass sie in Zweiergruppen angeordnet sind. Die einzelnen Gruppen sind in einem Abstand von etwa 10 cm zueinander positioniert.

2. Knoten Sie mit den vier Strängen einer jeden Zweiergruppe einen Kreuzknoten.

3. Es folgen abnehmende Reihen. Legen Sie für die zweite Reihe die jeweils beiden äußeren Stränge weg, sodass nun noch zwölf Stränge vor Ihnen liegen. Damit drei Kreuzknoten in einem Abstand von etwa 9 cm zur Reihe zuvor knoten.

4. Legen Sie für die dritte Reihe zusätzlich auf beiden Seiten jeweils zwei Stränge weg, sodass nur noch acht Stränge vor Ihnen liegen. Knoten Sie damit wieder in einem Abstand von 9 cm zur Reihe zuvor zwei Kreuzknoten.

5. Zum Abschluss der abnehmenden Reihen legen Sie erneut auf beiden Seiten jeweils zwei Stränge weg und knoten mit den letzten vier Strängen einen Kreuzknoten in einem Abstand von 9 cm zur dritten Reihe.

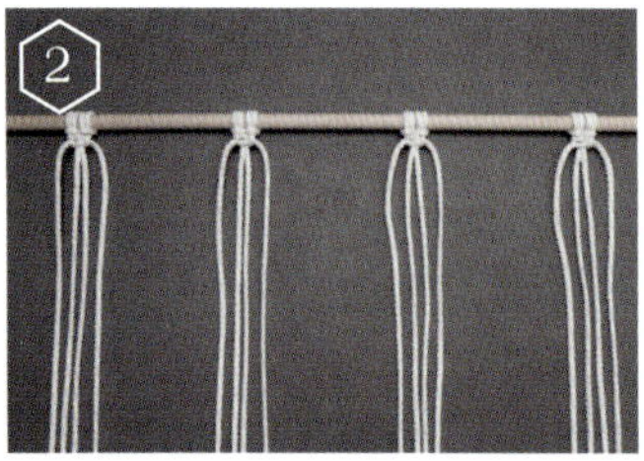

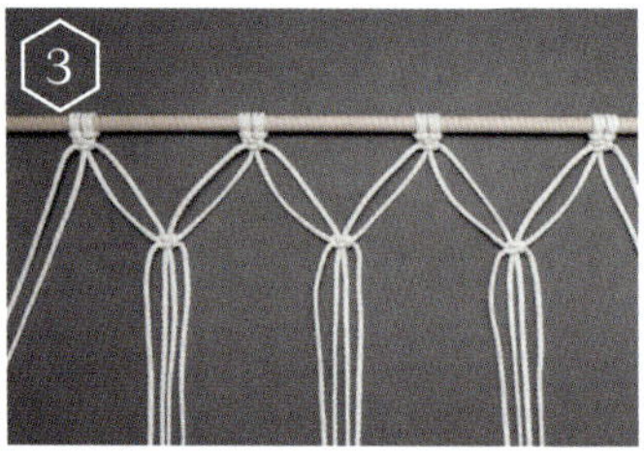

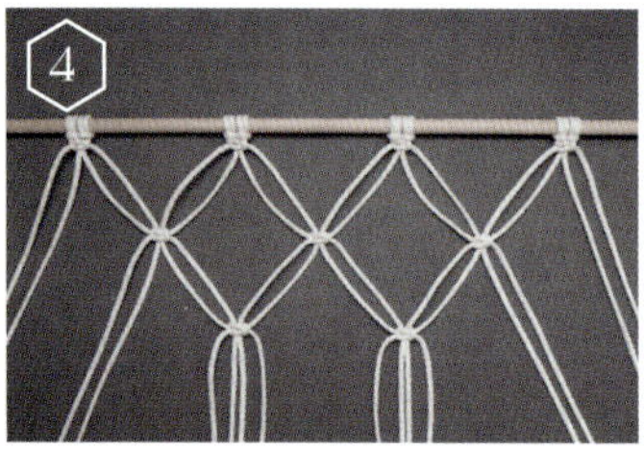

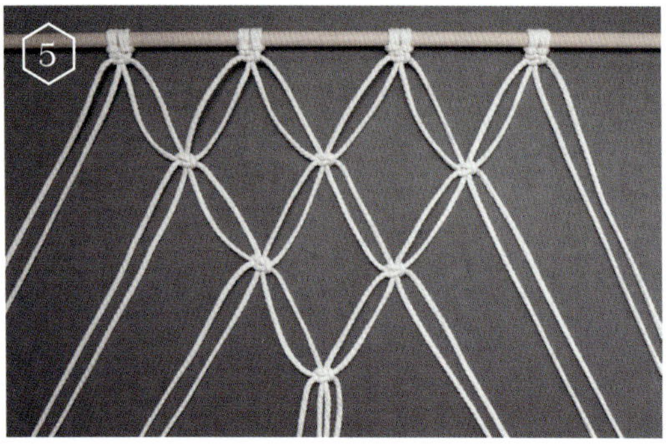

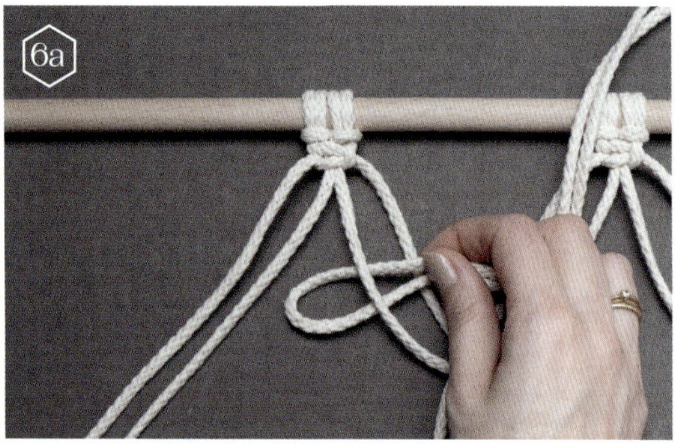

6. Durch den Abstand zwischen den einzelnen Reihen sind an der Seite große Schlaufen entstanden. An dem äußeren Strang der großen Schlaufen befestigen Sie jeweils acht 70 cm lange Stränge mit dem von vorne geknoteten Ankerknoten.

7. Die Enden bzw. Fransen in Form schneiden und dabei die deutlich längeren Stränge auf die Länge der benachbarten Stränge kürzen.

8. Befestigen Sie drei 2,50 m lange Fäden mit dem von vorne geknoteten Ankerknoten links neben dem soeben geknoteten Muster.

9. Mit den vier äußeren Strängen einen Kreuzknoten knoten.

10. Legen Sie die beiden äußeren Stränge zur Seite und knoten Sie mit den vier restlichen Strängen einen Kreuzknoten.

11. Wiederholen Sie Schritt 8–9, bis Sie insgesamt 31 Kreuzknoten bzw. einen etwa 28 cm langen Strang geknotet haben.

12. Halten Sie die Enden des Strangs mit einem Wickelknoten zusammen. Nutzen Sie für den Wickelknoten einen 60 cm langen Faden. Kürzen Sie anschließend die Enden auf die gewünschte Länge.

13. Wiederholen Sie Schritt 8-12 für die rechte Seite des mittleren Musters.

14. Befestigen Sie einen 80 cm langen Faden mit zwei Doppelknoten am Rundholz, um den Fotohalter aufhängen zu können.

15. Mit Holzklammern können nun Fotos und Erinnerungsstücke befestigt werden.

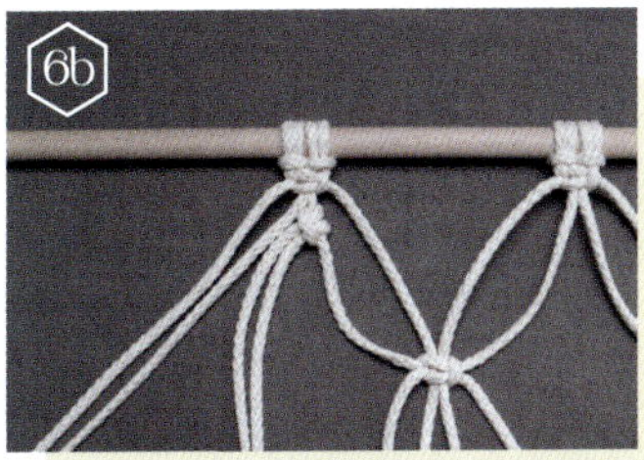

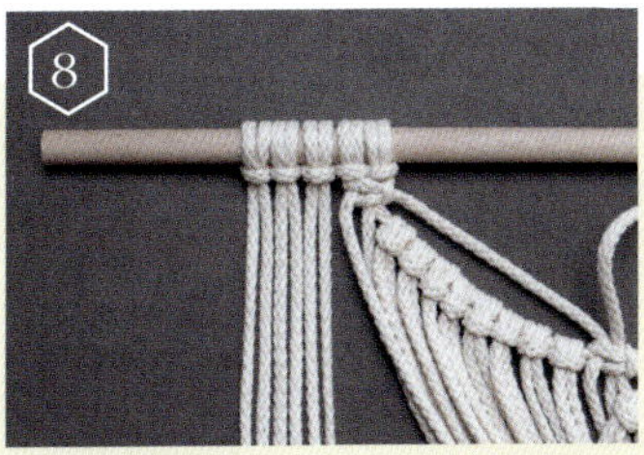

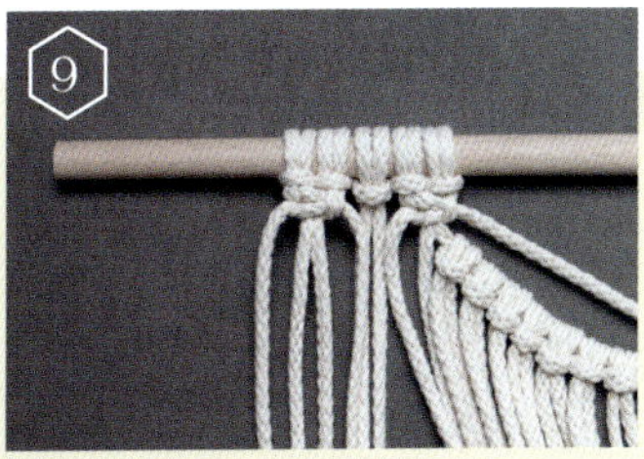

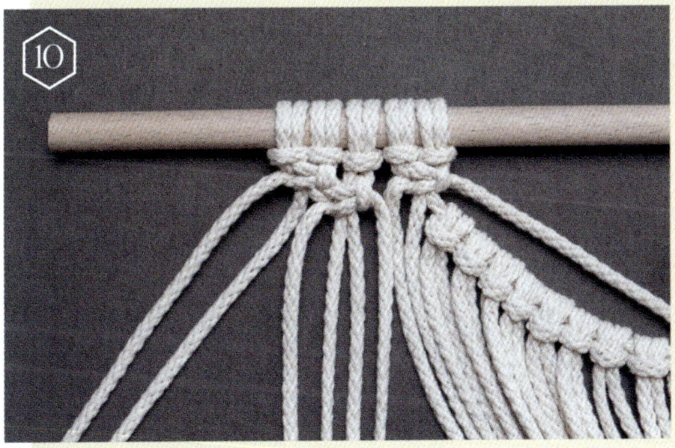

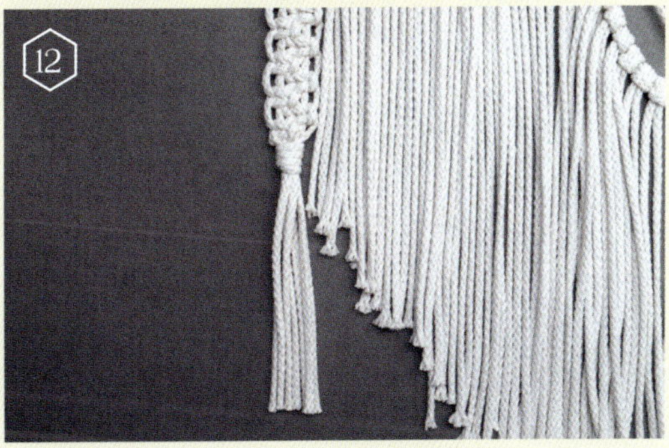

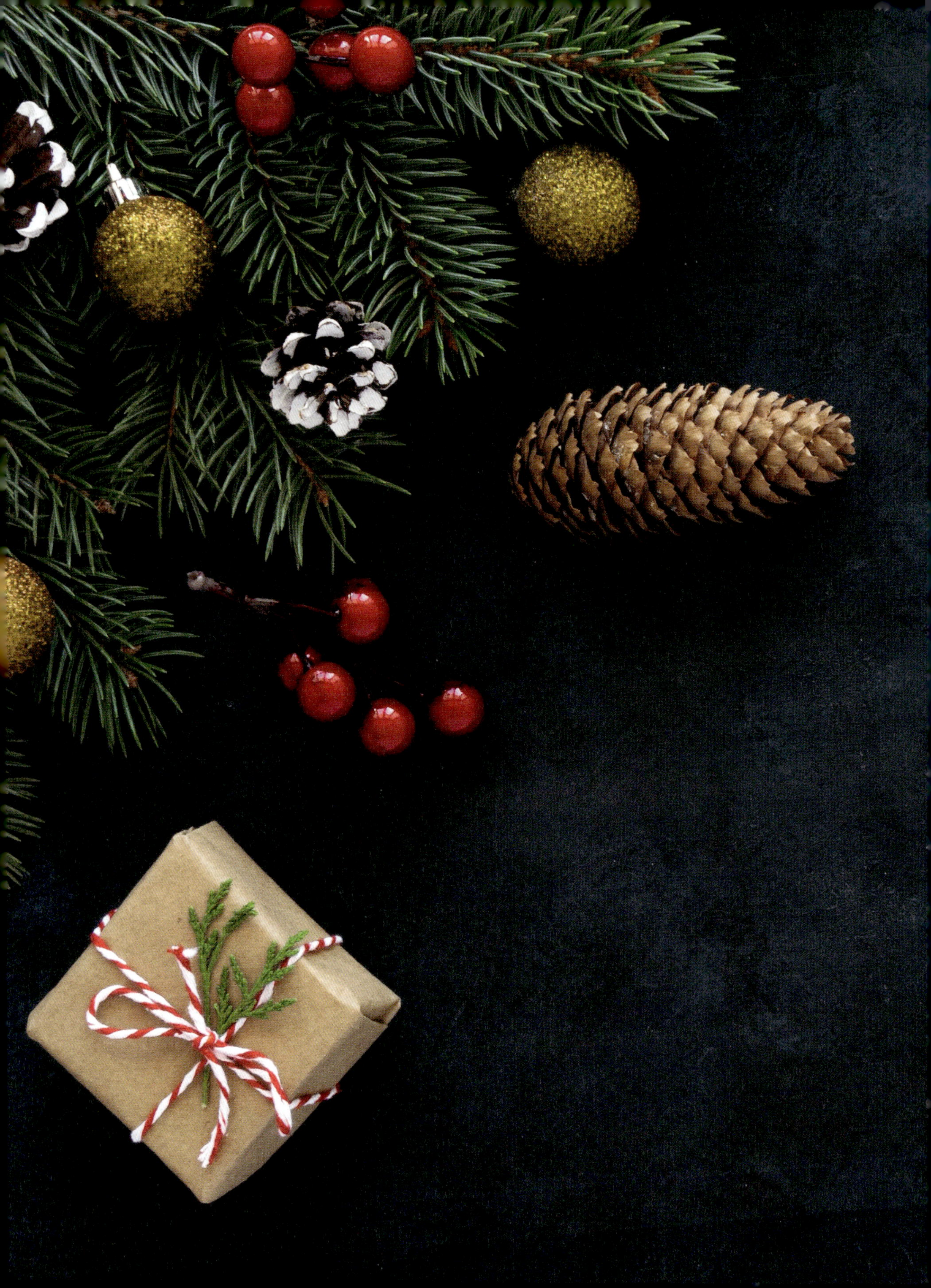

Weihnachtliche Dekoration

Adventskalender Girlande

für Boho-Weihnachtsfreunde

MOTIVLÄNGE
- ca. 1,20 m

MATERIAL
- 64 Baumwollfäden in Natur, geflochten, ø 4 mm, 1 m lang
- 6 Baumwollfäden in Natur, geflochten, ø 4 mm, 1,50 m lang
- Baumwollfaden in Natur, geflochten, ø 4 mm, 1,20 cm lang
- Baumwollfaden in Natur, geflochten, ø 4 mm, 60 cm lang
- 24 Holzklammern
- Schere
- Kamm

1. Befestigen Sie acht 1 m lange Fäden mit dem von vorne geknoteten Ankerknoten an dem 1,20 m langen Faden.

2. Knoten Sie mit allen 16 Strängen vier Kreuzknoten nebeneinander.

3. Es folgen abnehmende Reihen. Legen Sie dazu die jeweils beiden äußeren Stränge weg. Knoten Sie mit den restlichen zwölf Strängen drei Kreuzknoten nebeneinander.

4. In der nächsten Reihe zusätzlich auf beiden Seiten jeweils zwei Stränge weglegen, sodass nun noch acht Stränge vor Ihnen liegen. Knoten Sie damit zwei Kreuzknoten.

5. Zum Schluss der abnehmenden Reihen knoten Sie mit den vier mittleren Strängen einen Kreuzknoten als Spitze des Dreiecks.

6. Die Kanten des Dreiecks aus Kreuzknoten werden nun von Rippenknoten umrandet. Teilen Sie dazu alle Stränge in der Mitte auf. Legen Sie die acht Stränge der rechten Seite weg. Der obere Faden

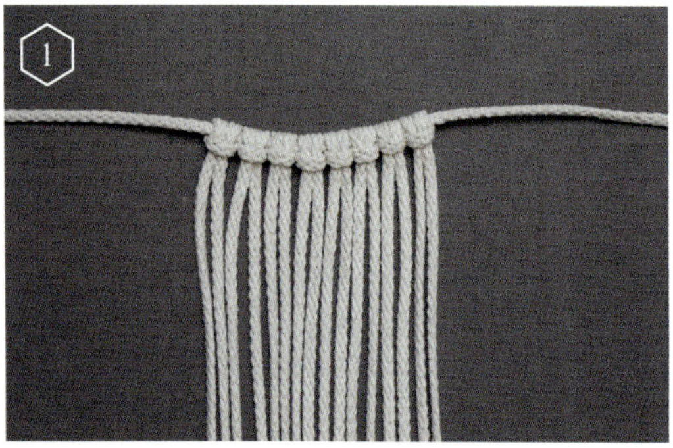

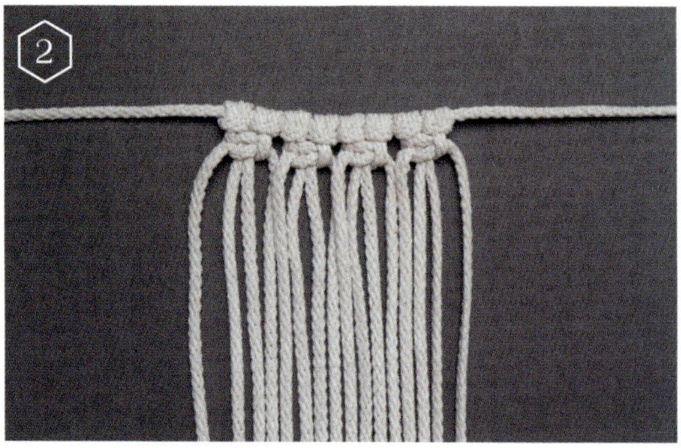

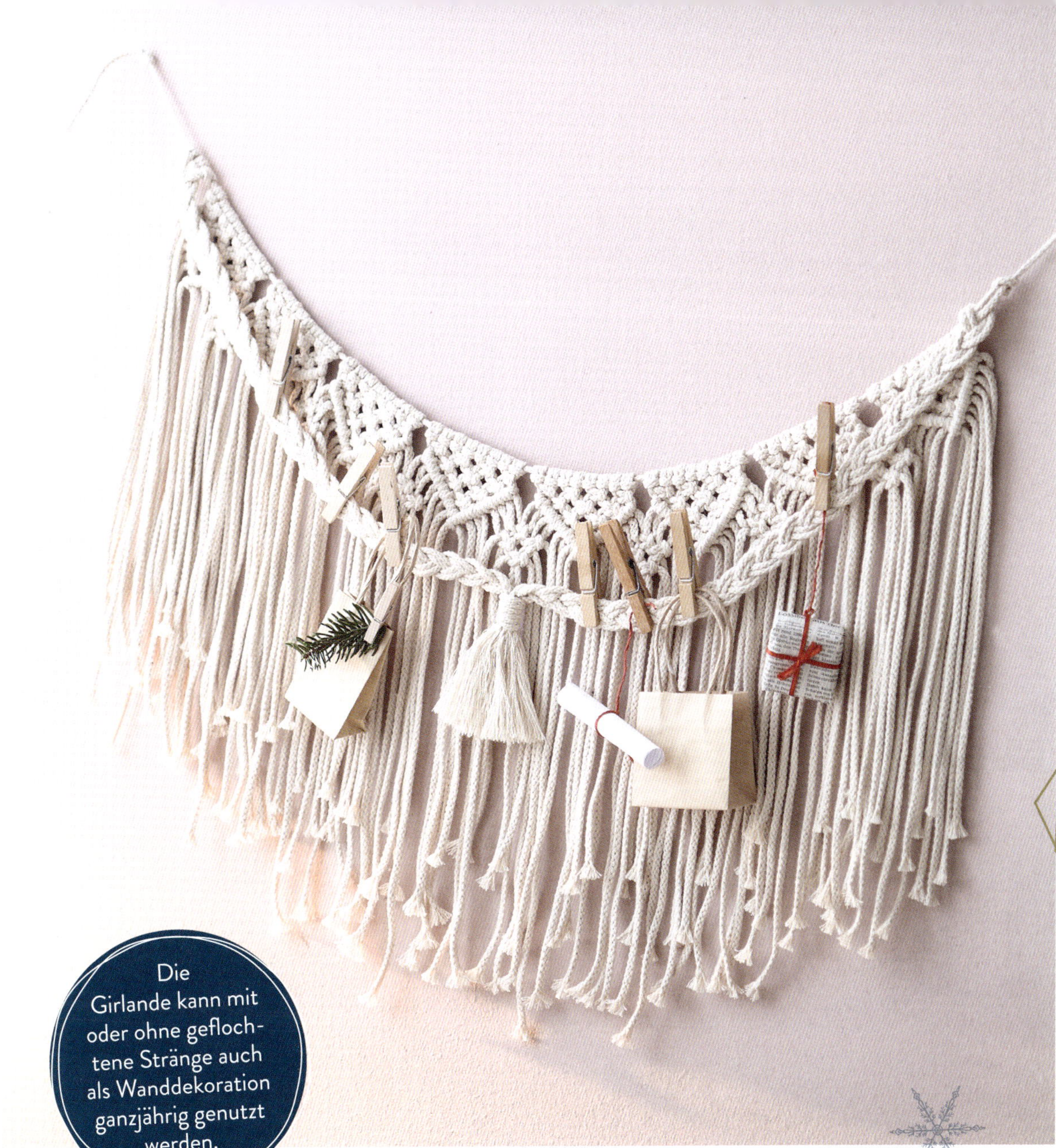

Die Girlande kann mit oder ohne geflochtene Stränge auch als Wanddekoration ganzjährig genutzt werden.

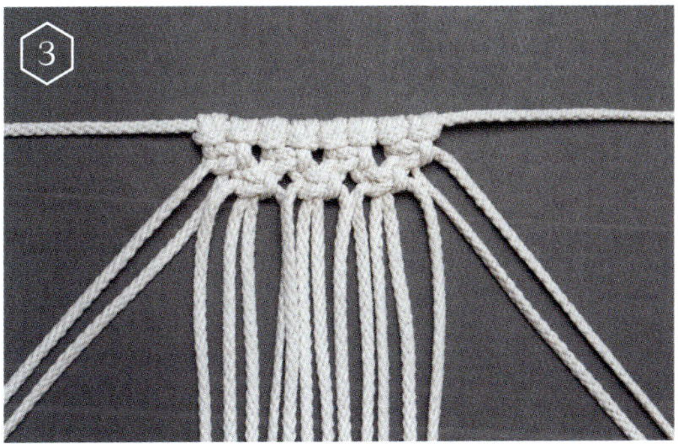

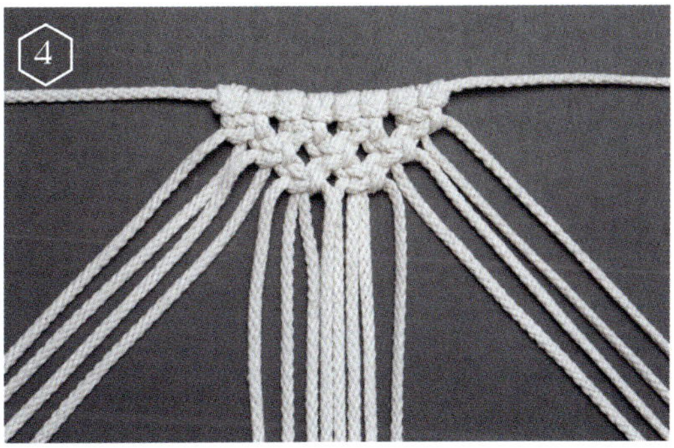

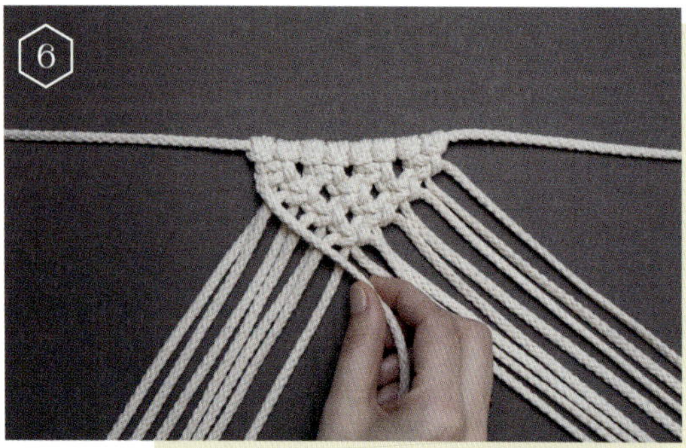
6

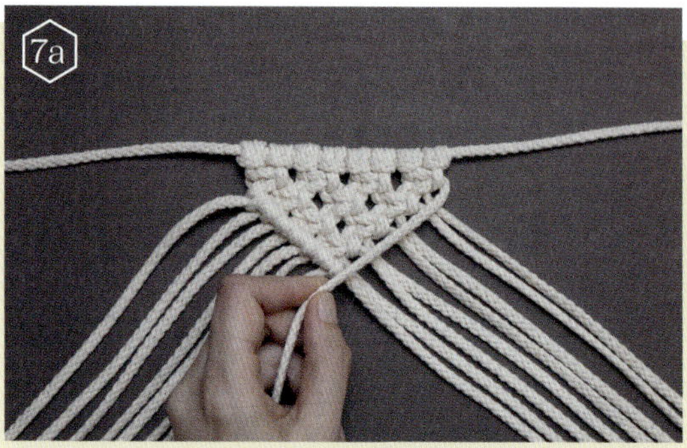
7a

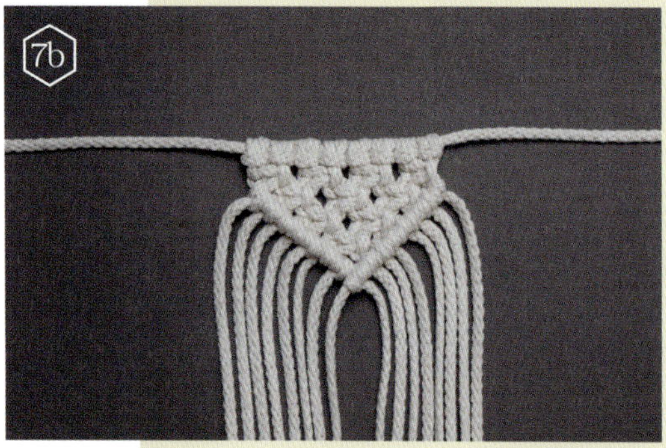
7b

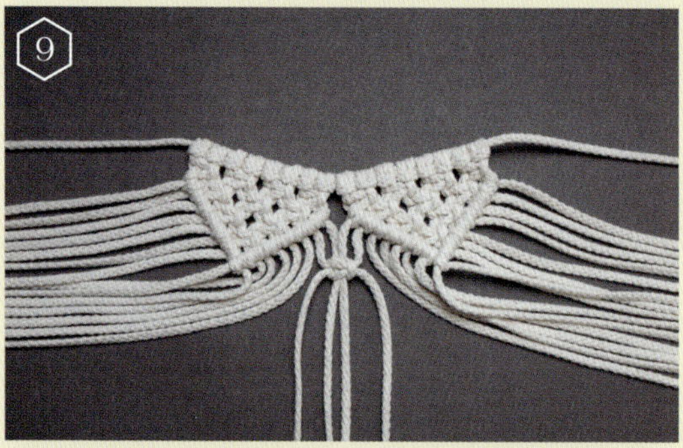
9

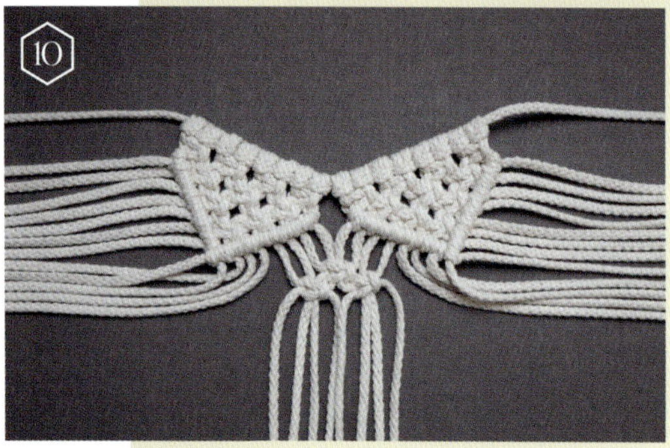
10

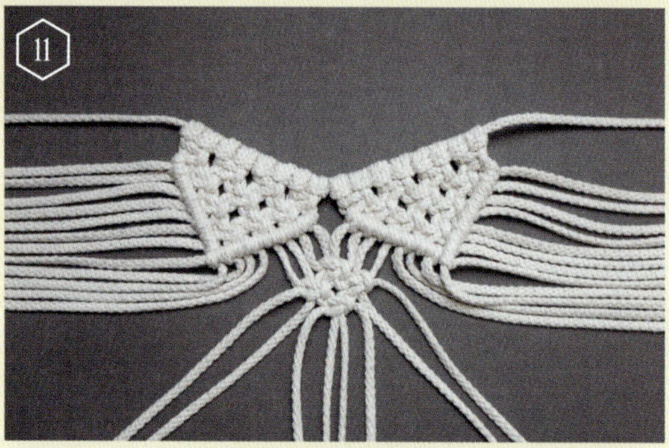
11

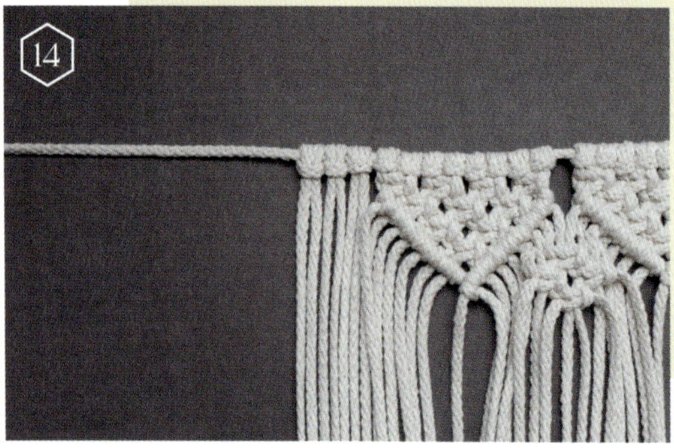
14

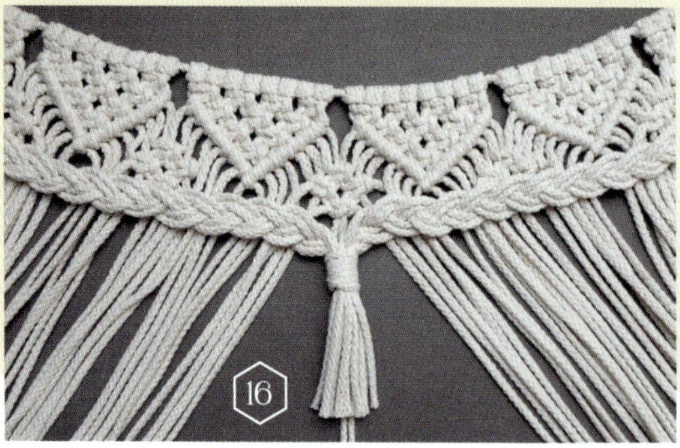
16

der linken Seite dient jetzt als Trägerfaden und wird schräg nach unten in die Mitte über die Arbeitsfäden gehalten. Knoten Sie eine Reihe Rippenknoten.

7. Wiederholen Sie Schritt 6 für die rechte Seite. Auch hier dient der oberen Faden als Trägerfaden. Verbinden Sie die Reihe Rippenknoten, indem Sie den Trägerfaden der linken Seite als zusätzlichen Arbeitsfaden für die rechte Seite nutzen.

8. Wiederholen Sie Schritt 1–7 für ein weiteres Dreieck.

9. Im Folgenden wird eine kleine Raute aus Kreuzknoten zwischen den beiden Dreiecken geknotet. Knoten Sie dazu mit den vier mittleren Strängen zwischen den Dreiecken (=die jeweils zwei oberen Stränge des linken und rechten Dreiecks) einen Kreuzknoten. Dieser Kreuzknoten wird in einem Abstand von etwa 2 cm zu den Dreiecken positioniert.

10. Nehmen Sie auf beiden Seiten des Kreuzknotens jeweils zwei Stränge hinzu, sodass nun acht Stränge vor Ihnen liegen. Knoten Sie damit zwei Kreuzknoten nebeneinander.

11. Legen Sie die jeweils beiden äußeren Stränge weg und knoten Sie mit den mittleren vier Strängen einen Kreuzknoten.

12. Wiederholen Sie Schritt 1–11, bis Sie insgesamt acht Dreiecke geknotet haben, zwischen denen Sie jeweils eine Raute aus Kreuzknoten knoten. Zwischen den einzelnen Dreiecken liegt ein Abstand von etwa 1 cm.

13. Kürzen Sie die Enden wie gewünscht.

14. Zum Schluss werden zwei Stränge angefertigt, an denen später die kleinen Adventsgeschenke aufgehängt werden können. Befestigen Sie dazu links außen drei 1,50 m lange Fäden mit dem von vorne geknoteten Ankerknoten.

15. Flechten Sie die drei Fäden zu einem etwa 50 cm langen Strang. Dazu abwechselnd die beiden Stränge des linken und rechten Fadens über die beiden Stränge des mittleren Fadens legen.

16. Wiederholen Sie Schritt 14–15 für auf der rechten Seite. Führen Sie die beiden Stränge in der Mitte zusammen. Befestigen Sie die zusammengeführten, geflochtenen Stränge an den beiden mittleren Strängen des Dreiecksmusters aus Schritt 1–11 (= die mittleren beiden Stränge der Kreuzknoten Raute zwischen dem 4. und 5. Dreieck) mit einem Wickelknoten. Nutzen Sie für den Wickelknoten einen 60 cm langen Faden. Kürzen Sie die Enden der geflochtenen Stränge zu einer Tassel.

17. Zum Schluss die Enden der Tassel auskämmen. Achten Sie hierbei darauf, dass Sie nur die kurzen Enden der geflochtenen Stränge auskämmen, nicht die langen der Kreuzknoten-Raute. Anschließend die Tassel erneut in Form schneiden.

18. Nun können Sie die Girlande aufhängen und die kleinen Adventsgeschenke mit Holzklammern an den geflochtenen Strängen befestigen.

Das Muster können Sie beliebig erweitern und auch an einem längeren Trägerfaden knoten. Achten Sie hierbei darauf, dass Sie die Länge der Fäden für die geflochtenen Stränge entsprechend länger zuschneiden, 1,50 m + (zusätzliche Länge x 2).

Hängendes Windlicht

einfach und effektvoll

MOTIVLÄNGE
- ca. 77 cm

MATERIAL
- 6 Baumwollfäden in Natur, geflochten, ø 2–3 mm, 2,60 m lang
- 2 Baumwollfäden in Natur, geflochten, ø 2–3 mm, 40 cm lang
- Schlüsselring ø 2,5 cm
- 3 Holzperlen, ø 2,5 cm
- 6 Holzperlen, ø 1,5 cm
- Glas
- Schere

1. Führen Sie die 2,60 m langen Fäden bis zur Hälfte durch den Schlüsselring.

2. Fixieren Sie die Fäden am Schlüsselring mit einem Wickelknoten. Nutzen Sie für den Wickelknoten einen zusätzlichen 40 cm langen Faden.

3. Teilen Sie alle zwölf Stränge in 3 x 4 Stränge auf. Das werden die drei Arme sein, an denen das Windlicht später hängen wird.

4. An jedem Arm in einem Abstand von etwa 17 cm zum Schlüsselring einen gedrehten Strang mit halben Kreuzknoten knoten. Die gedrehten Stränge sind etwa 5 cm lang bzw. bestehen aus 15 halben Kreuzknoten.

5. Fädeln Sie abwechselnd eine kleine, eine große und abschließend eine kleine Holzperle auf alle vier Stränge eines jeden Arms auf.

6. Knoten Sie erneut an jedem Arm unter den Holzperlen einen 5 cm langen gedrehten Strang aus halben Kreuzknoten.

7. In einem Abstand von etwa 14 cm zum gedrehten Strang aus Schritt 6 knoten Sie einen Kreuzknoten in jeden der Arme.

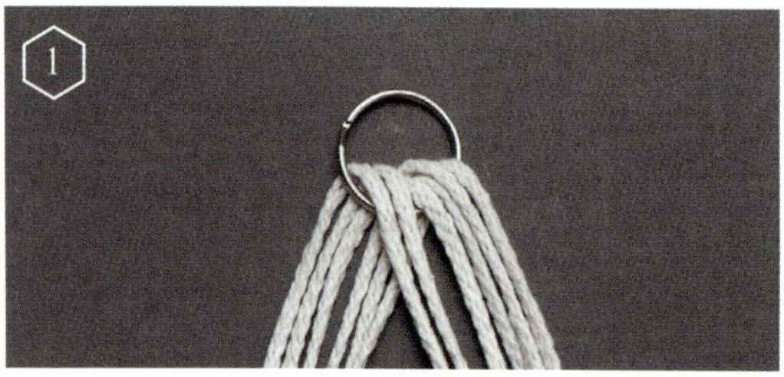

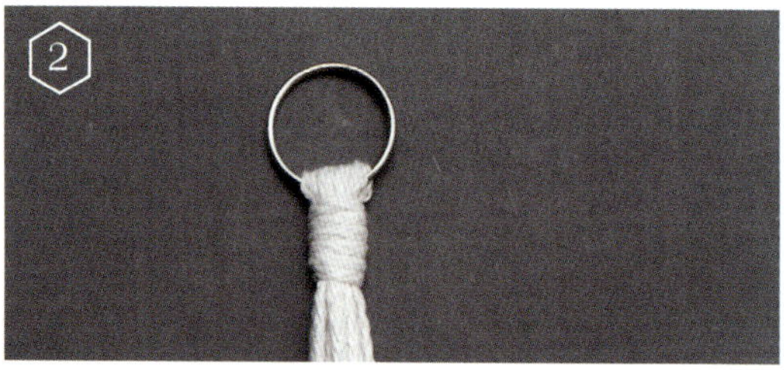

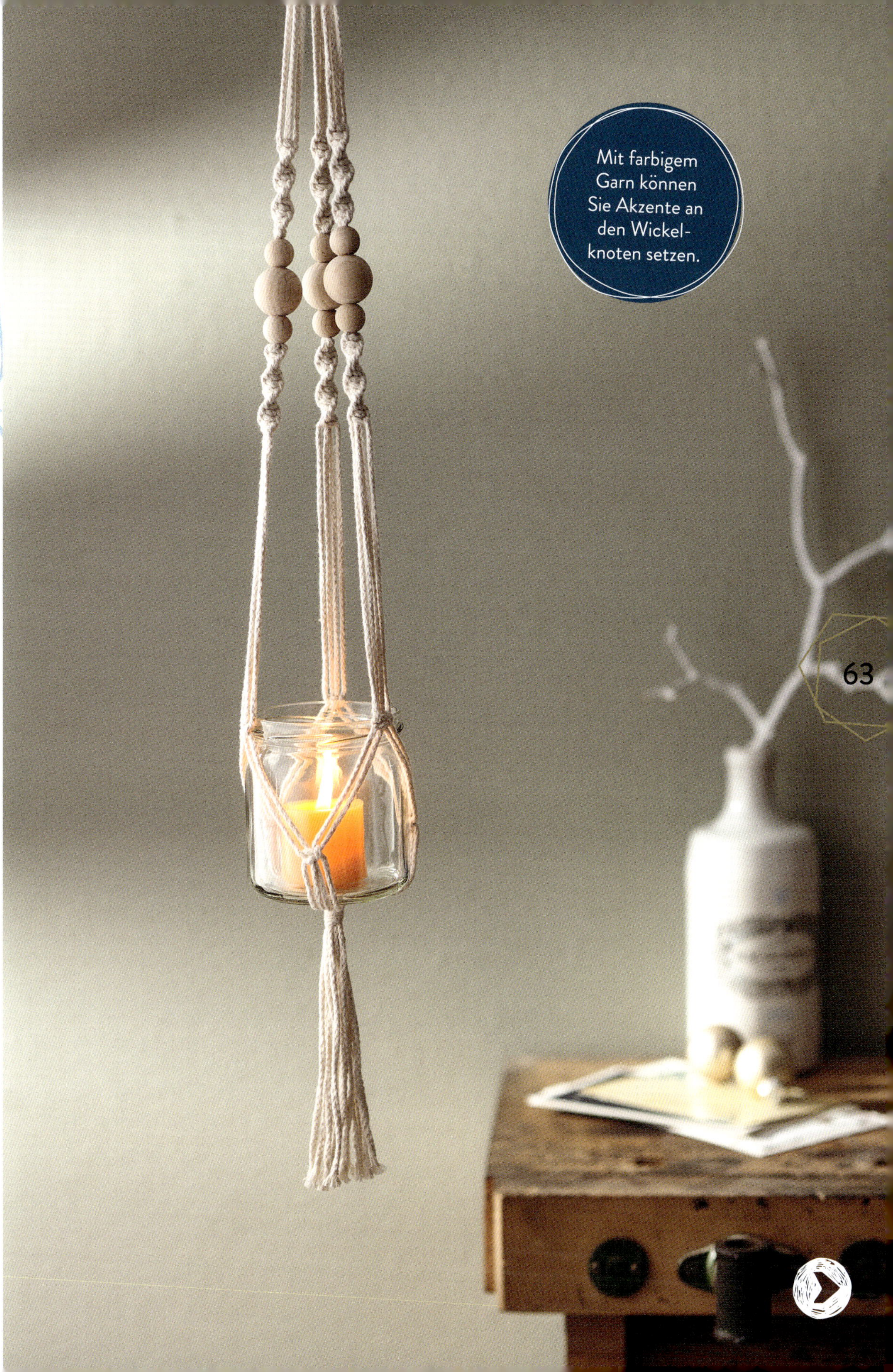

Mit farbigem Garn können Sie Akzente an den Wickelknoten setzen.

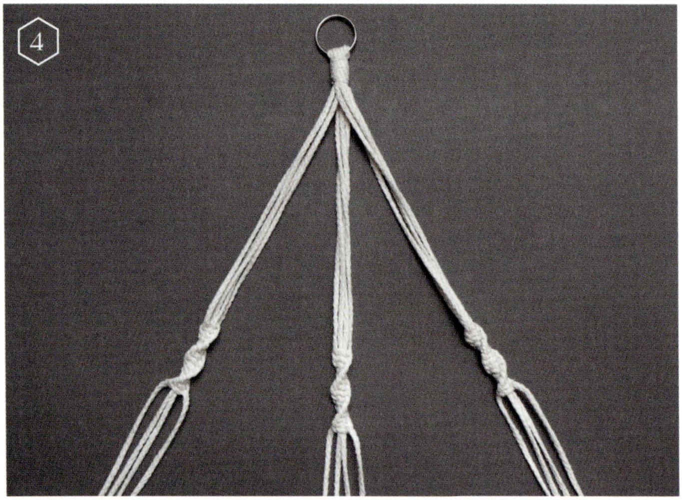

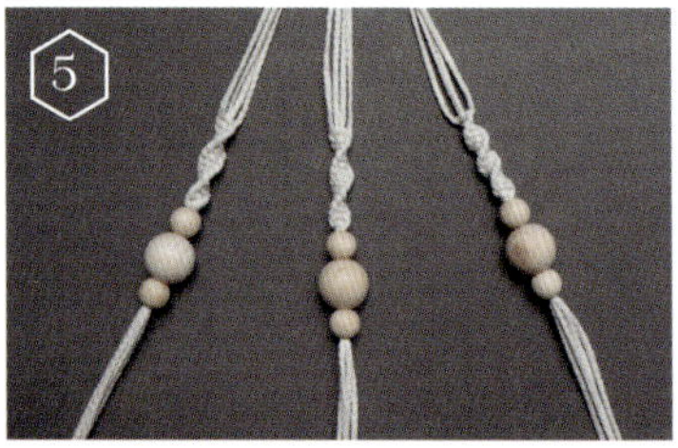

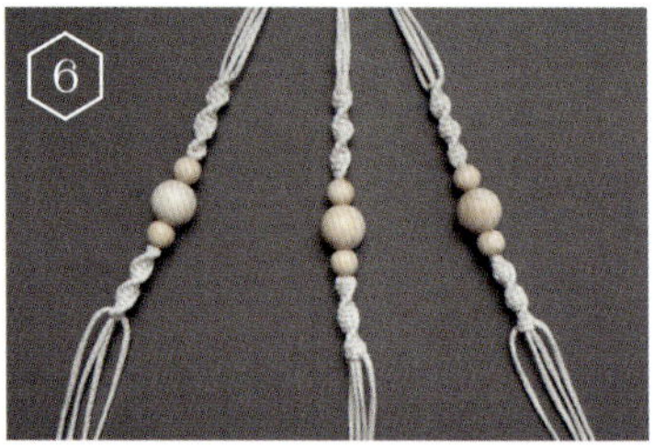

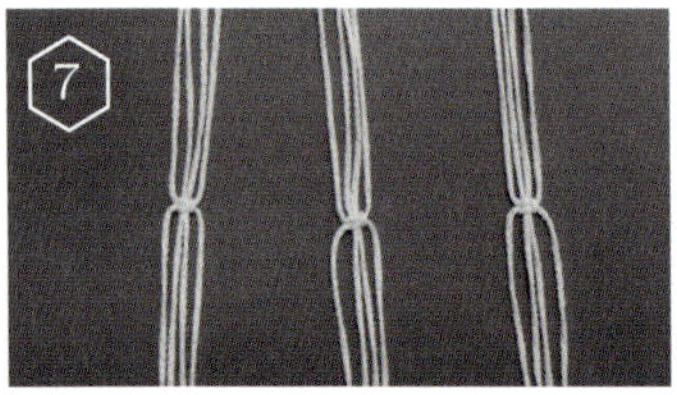

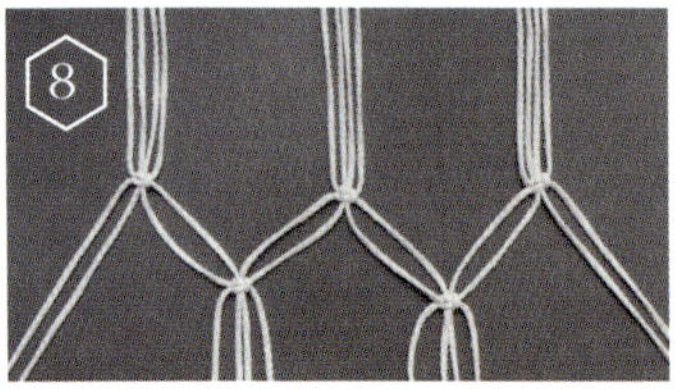

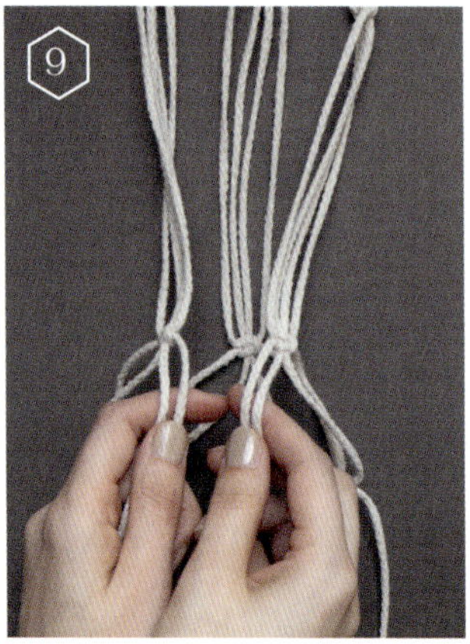

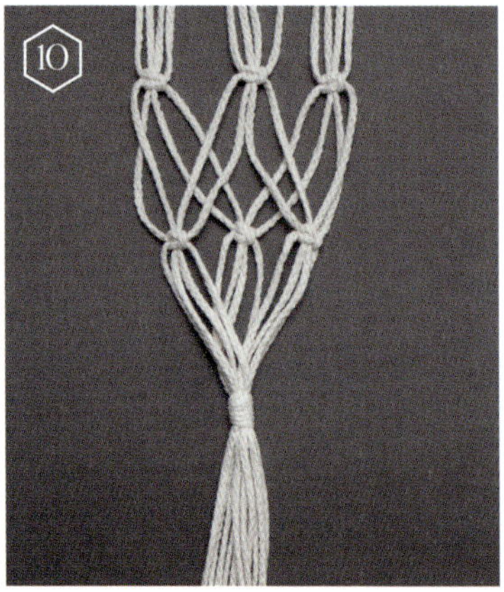

8. Legen Sie die Arme nebeneinander hin. Die jeweils beiden äußeren Stränge zur Seite legen. Mit den restlichen acht Strängen zwei Kreuzknoten nebeneinander in einem Abstand von 6 cm zu den Kreuzknoten aus Schritt 7 knoten.

9. Nun werden die in Schritt 8 zur Seite gelegten Stränge verbunden, um das Netz zu knoten, indem später das Glas sitzen wird. Nehmen Sie dazu die beiden Stränge beider Seiten hoch und drehen Sie sie zueinander, als würden Sie um ein Objekt herum knoten. Knoten Sie wieder einen Kreuzknoten, der 6 cm zu den Kreuzknoten aus Schritt 7 liegt bzw. auf der gleichen Höhe wie die Kreuzknoten aus Schritt 8.

10. Führen Sie alle Stränge mittig zusammen und fixieren Sie diese mit einem Wickelknoten. Der Wickelknoten wird in einem Abstand von etwa 6 cm zu den Kreuzknoten aus Schritt 8–9 geknotet. Nutzen Sie dazu einen zusätzlichen 40 cm langen Faden.

11. Kürzen Sie die Enden auf die gewünschte Länge.

Stillvolles Ornament

für den Boho-Weihnachtsbaum

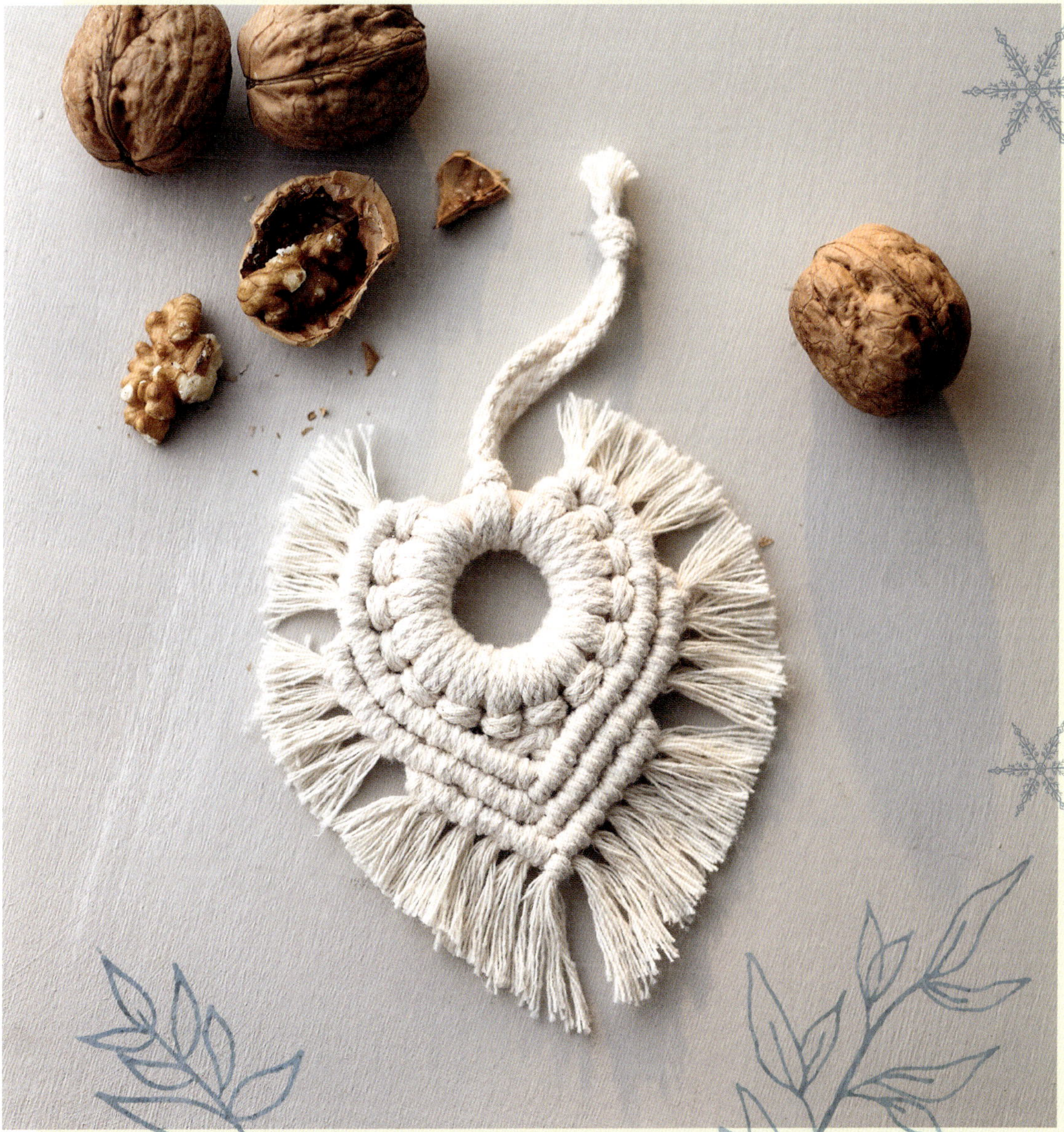

MOTIVLÄNGE

- ca. 11,5 cm (ohne Aufhängung gemessen)

MATERIAL

- 14 Baumwollfäden in Natur, geflochten, ø 2–3 mm, 50 cm lang
- Baumwollfaden in Natur, geflochten, ø 2-3 mm, 30 cm lang
- Holzring, ø 4 cm
- Schere
- Kamm

1. Befestigen Sie oben am Holzring den 30 cm langen Baumwollfaden mit dem von vorne geknoteten Ankerknoten. Dieser Faden wird an den Enden verknotet und dient später als Aufhängung für das Ornament. Er wird in den folgenden Schritten nicht miteinbezogen.

2. Alle 14 50 cm langen Fäden werden ebenfalls mit dem von vorne geknoteten Ankerknoten am Holzring befestigt.

3. Legen Sie auf beiden Seiten des Rings jeweils zwölf Stränge zur Seite, sodass nun nur noch die mittleren vier Stränge vor Ihnen liegen. Mit diesen vier Strängen einen Kreuzknoten knoten.

4. Teilen Sie alle Stränge in der Mitte auf, sodass jeweils 14 Stränge auf der rechten und linken Seite liegen. Legen Sie die Stränge der rechten Seite weg. Der obere Strang der linken Seite dient als Trägerfaden und wird über die 13 Arbeitsfäden um den Ring in Richtung Mitte gehalten. Knoten Sie eine Reihe Rippenknoten.

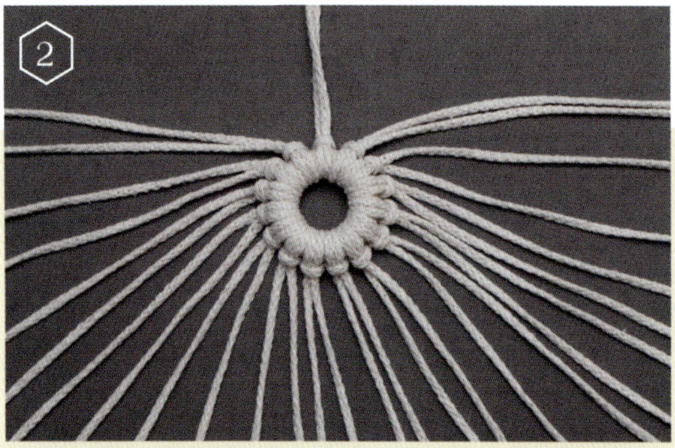

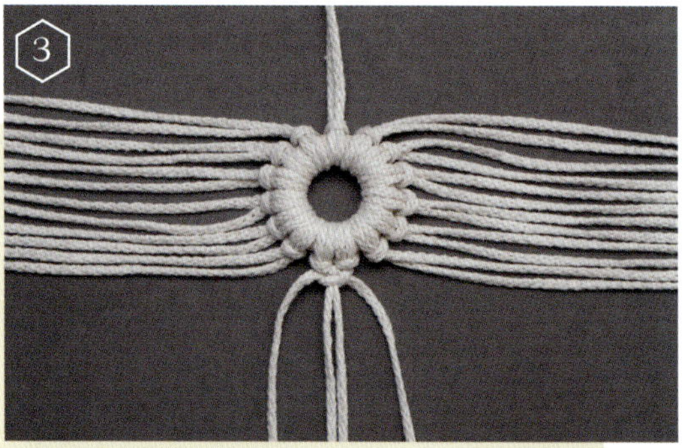

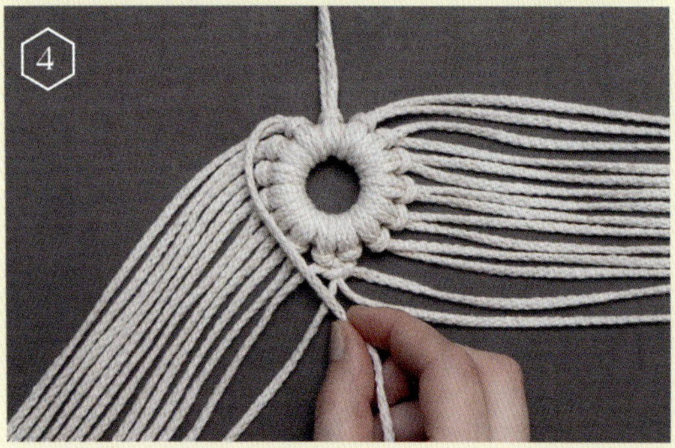

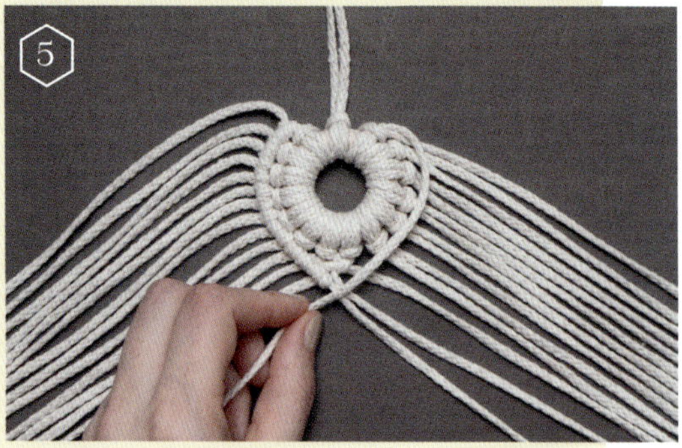

5. Wiederholen Sie Schritt 4 für die Stränge der rechten Seite. Verbinden Sie die Reihe Rippenknoten in der Mitte, indem Sie den Trägerfaden der linken Seite als zusätzlichen Arbeitsfaden benutzen.

6. Es folgt eine verkürzte Reihe Rippenknoten. Legen Sie dazu die vier oberen Stränge weg. Der fünfte Strang von oben dient als Trägerfaden. Halten Sie diesen wieder über die Arbeitsfäden in Richtung Mitte.

7. Wiederholen Sie Schritt 6 für die andere Seite und verbinden Sie die Reihe Rippenknoten wie in Schritt 5 beschrieben.

8. Es folgt eine weitere verkürzte Reihe Rippenknoten. Dazu werden nun zusätzlich vier weitere Stränge oben beiseitegelegt. Der darauffolgende Strang dient als Trägerfaden.

9. Wiederholen Sie Schritt 8 ebenfalls für die andere Seite und verbinden Sie die Reihe Rippenknoten in der Mitte.

10. Kürzen Sie die Enden, kämmen Sie diese aus und scheiden Sie die Fransen anschließend in Form.

Für einen etwas kleineren Anhänger können Sie die Rippenknoten Reihen reduzieren.

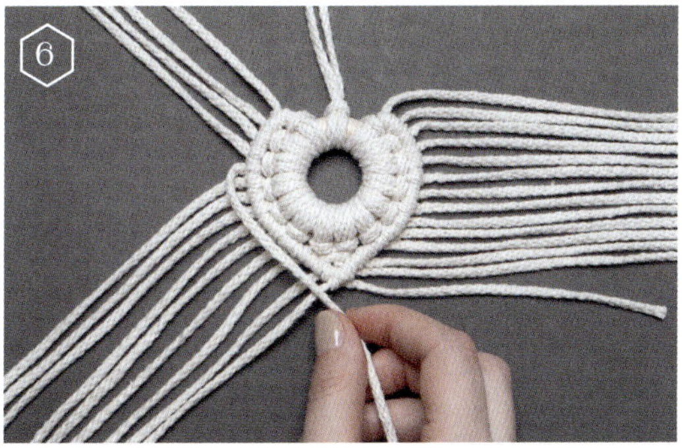

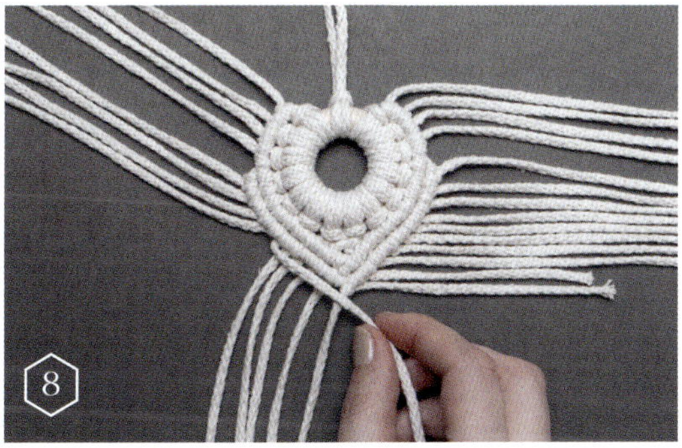

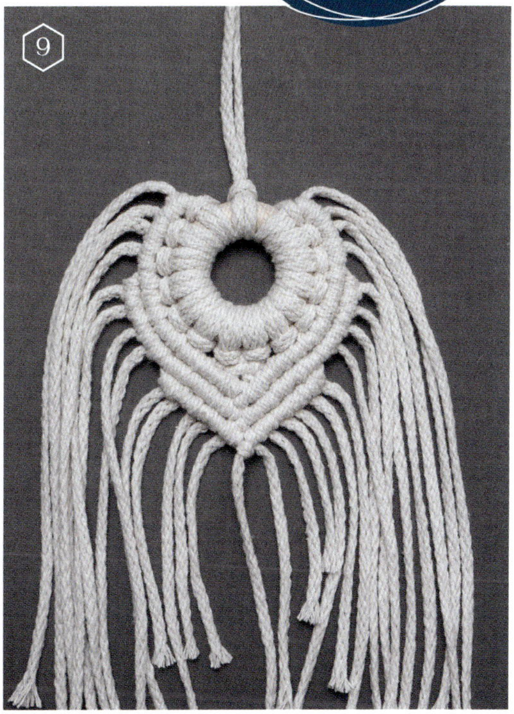

Makramee Engel

als Ornament oder Geschenkanhänger

MOTIVLÄNGE

- ca. 17 cm

MATERIAL

- 11 Baumwollfäden in Natur, einfach gezwirnt, ø 2–3 mm, 50 cm lang
- 2 Baumwollfäden in Natur, einfach gezwirnt, ø 2–3 mm, 30 cm lang
- 10 Baumwollfäden in Natur, einfach gezwirnt, ø 2–3 mm, 25 cm lang
- Baumwollfaden in Natur, einfach gezwirnt, ø 2–3 mm, 15 cm lang
- Nylonfaden in Transparent, 20 cm lang
- Holzring, ø 5,5 cm
- Holzperle, ø 2 cm
- (Krepp-)Klebeband
- Schere
- Kamm

1. Befestigen Sie fünf der 50 cm langen Baumwollfäden mit dem von hinten geknoteten Ankerknoten am Holzring.

2. Legen Sie einen 30 cm langen Baumwollfaden auf die in Schritt 1 befestigten Stränge. Der Faden sollte etwa 3 cm auf der linken Seite hervorragen.

3. Der 30 cm lange Faden aus Schritt 2 dient als Trägerfäden für eine Reihe Rippenknoten. Die Fäden aus Schritt 1 sind die Arbeitsfäden. Knoten Sie eine Reihe aus rechts geknüpften Rippenknoten mit den zehn Arbeitsfäden. Wenn es Ihnen schwerfällt, an dem losen Trägerfaden zu knoten, kleben Sie gerne das hervorragende Stück auf der linken Seite mit (Krepp-)Klebeband fest.

4. Legen Sie auf der linken Seite die beiden äußeren Arbeitsfäden zur Seite. Führen Sie den Trägerfaden aus Schritt 3 zurück nach links über die restlichen acht Arbeitsfäden und knoten Sie eine Reihe Rippenknoten.

5. Der Trägerfaden wird nun wieder nach rechts über die acht Arbeitsfäden gehalten. Knoten Sie erneut eine Reihe Rippenknoten.

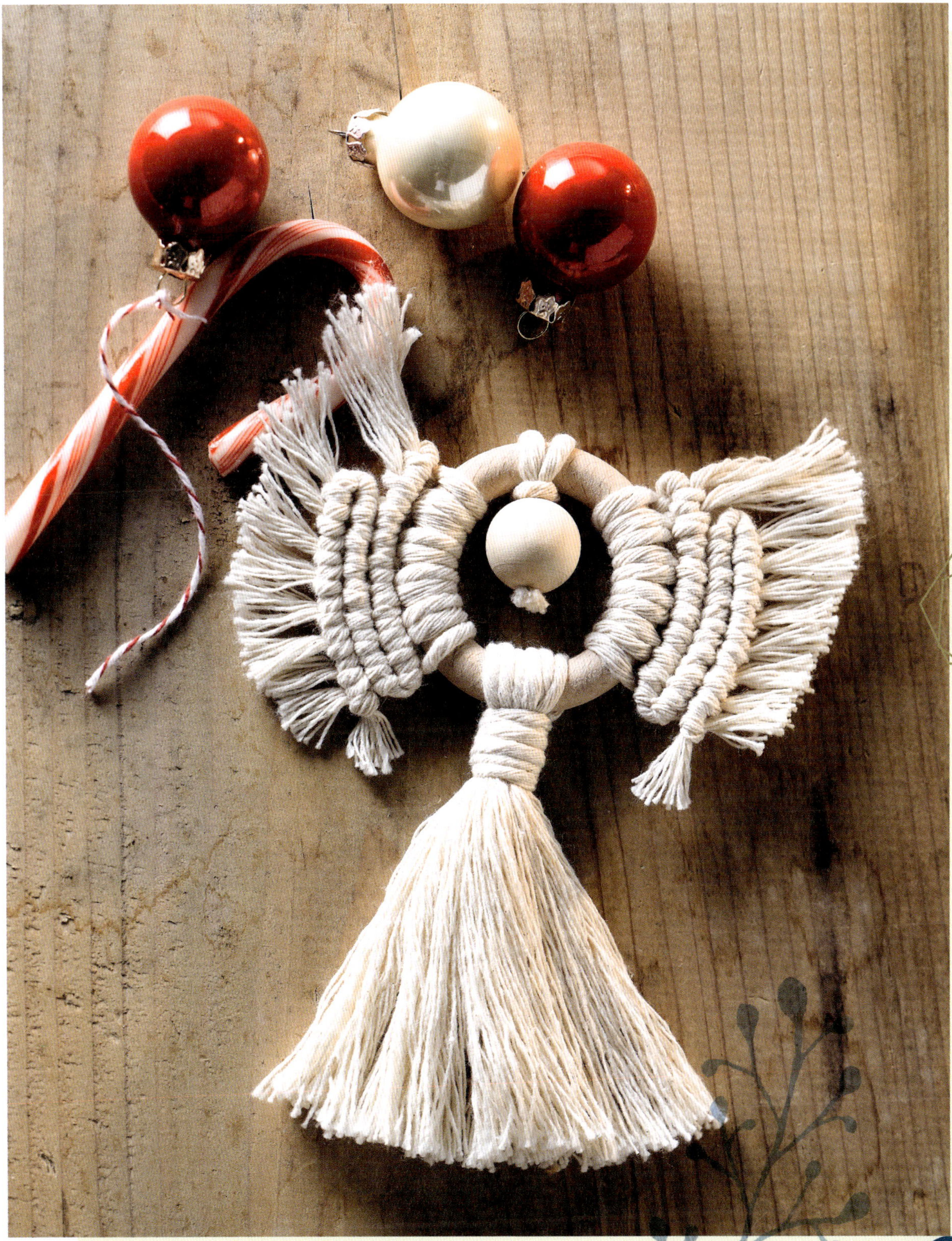

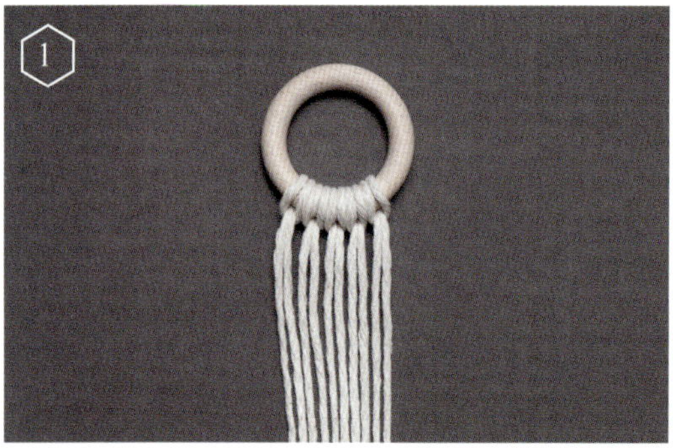
1

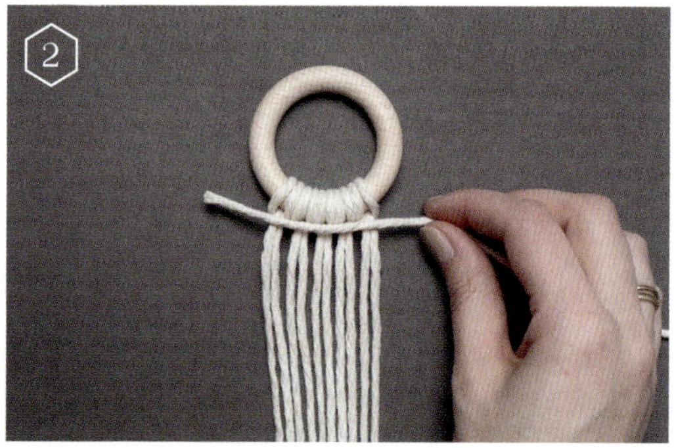
2

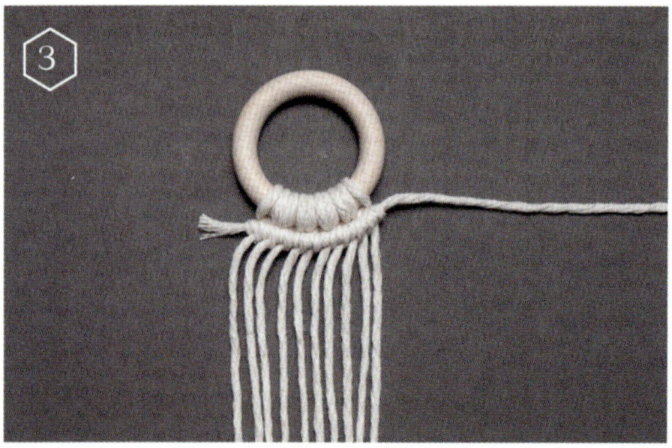
3

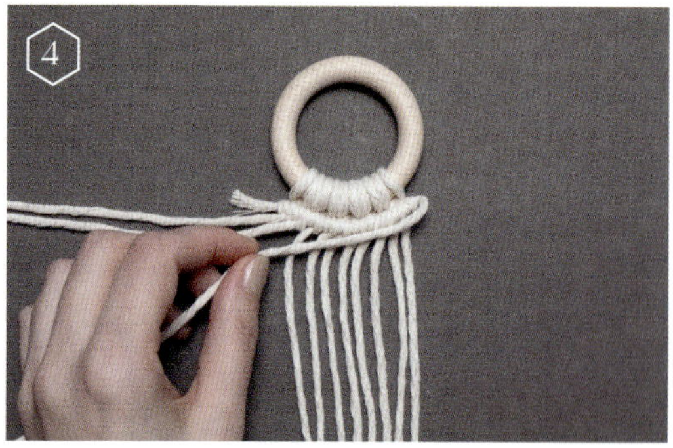
4

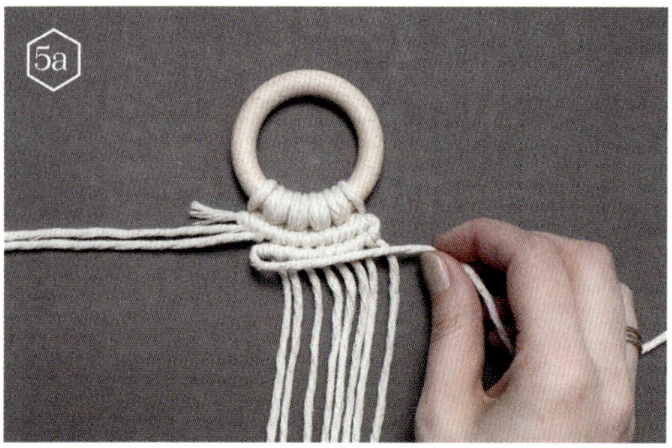
5a

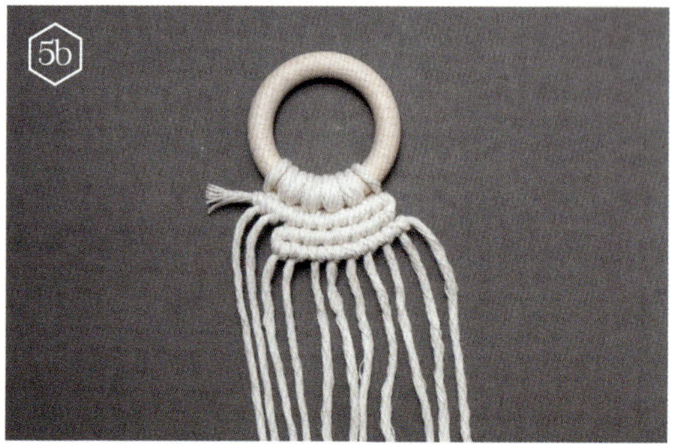
5b

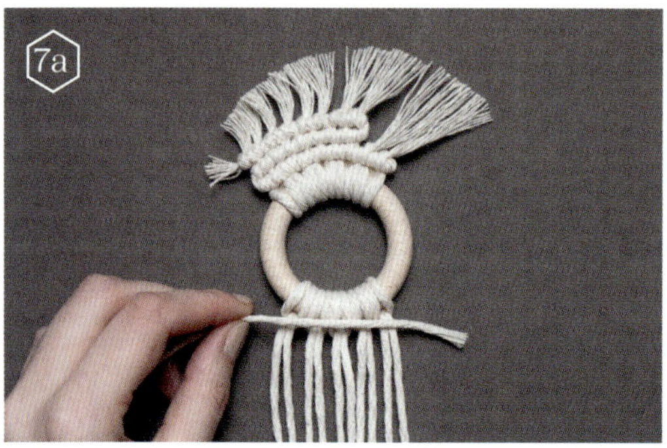
7a

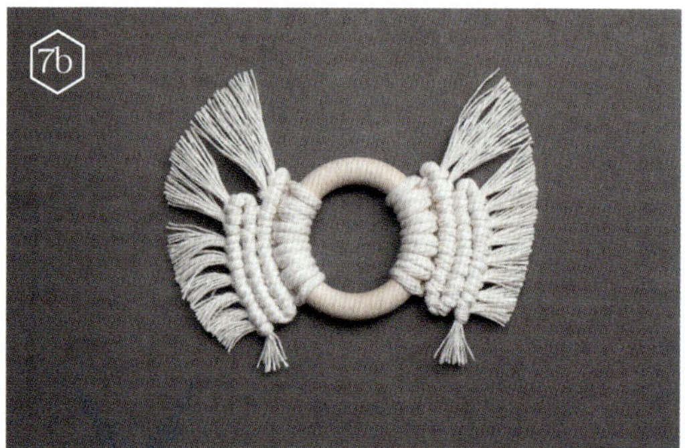
7b

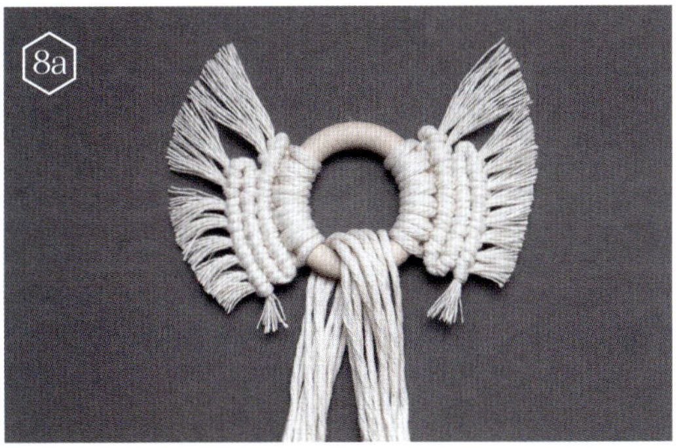

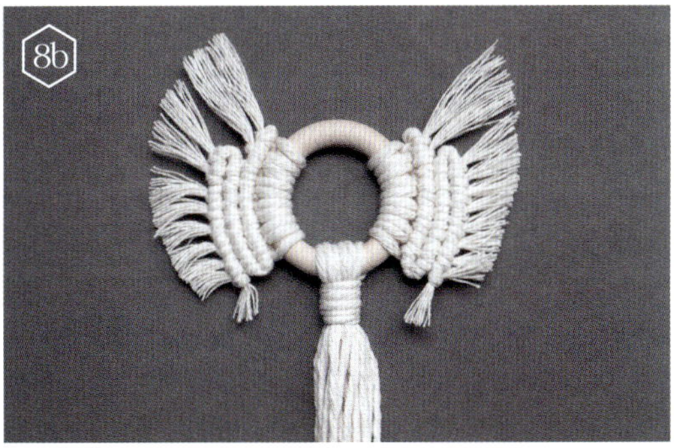

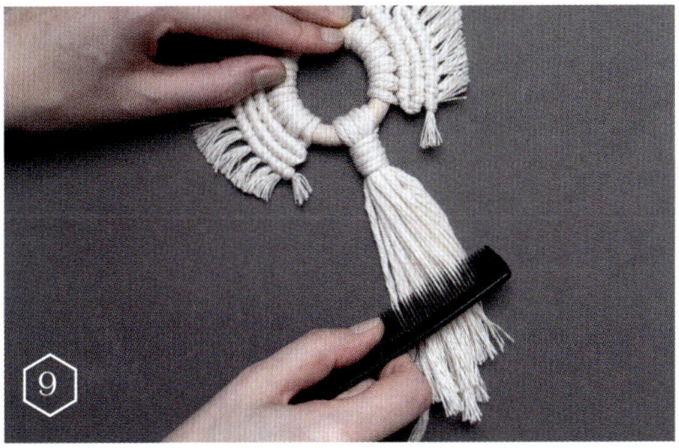

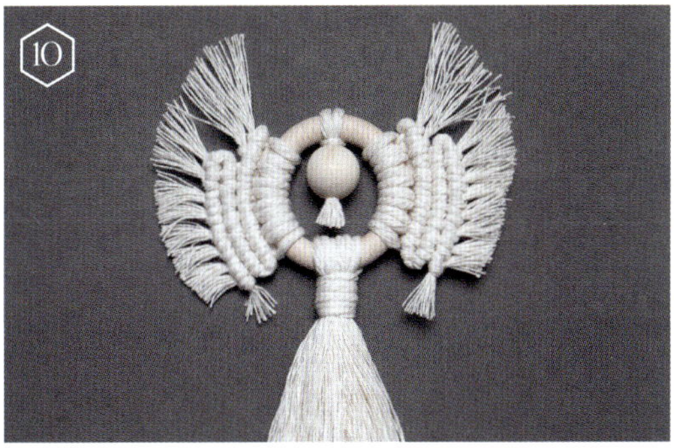

6. Enden kürzen, auskämmen und flügelförmig zuschneiden. Das Ende der Rippenknoten-Reihe aus Schritt 5 zeigt später beim Engel nach unten, entspricht also der unteren Kante des Flügels. Demnach entspricht der hervorragende Faden aus Schritt 2 der oberen Kante des Flügels. Dieses hervorragende Stück Faden können Sie entweder auskämmen und zum Teil des Flügels machen oder, sollte das Ende des Fadens zu kurz sein, mit Textilkleber auf der Rückseite fixieren.

7. Drehen Sie Ihren Holzring so, dass der erste Flügel oben liegt. Wiederholen Sie Schritt 1–6 für einen zweiten Flügel. Achten Sie darauf, dass Sie nun spiegelverkehrt knoten. Der hervorragende Faden aus Schritt 2 liegt nun auf der rechten Seite und die erste Reihe knoten Sie mit links geknüpften Rippenknoten.

8. Nun wird unten zwischen den beiden Flügeln eine Tassel befestigt. Legen Sie dazu zehn 25 cm lange Fäden mittig durch den Ring und fixieren Sie die Fäden mit einem Wickelknoten direkt unter dem Ring. Nutzen Sie für den Wickelknoten einen 50 cm langen zusätzlichen Faden.

9. Kämmen Sie die Enden der Tassel aus und kürzen Sie diese auf eine Länge.

10. Zum Schluss befestigen Sie einen 15 cm langen Faden mit dem von vorne geknoteten Ankerknoten oben am Holzring und fädeln eine 2 cm großen Holzperle auf. Kürzen Sie die Enden des Fadens.

11. Um den Engel aufzuhängen, befestigen Sie einen 20 cm langen Nylonfaden oben am Ring.

Makramee Sternenornamente

weihnachtlich schön

MOTIVLÄNGE

- ca. 12 cm

MATERIAL

- 10 Baumwollfäden in Natur, geflochten, ø 2–3 mm, 45 cm lang
- 10 Baumwollfäden in Natur, geflochten, ø 2–3 mm, 40 cm lang
- Schlüsselring, ø 2,5 cm
- Schere

1. Befestigen Sie die zehn 40 cm langen Stränge mit dem von vorne geknoteten Ankerknoten am Schlüsselring.

2. Mit allen 20 Strängen fünf Kreuzknoten knoten.

3. Knoten Sie zwischen zwei der Kreuzknoten aus Schritt 2 einen Kreuzknoten. Nehmen Sie dazu die beiden rechten Stränge des linken Kreuzknotens und die beiden linken Stränge des rechten Kreuzknotens.

4. Wiederholen Sie das einmal rundherum, bis Sie in der zweiten Reihe wieder fünf Kreuzknoten geknotet haben.

5. In den nächsten Schritten werden die Sternspitzen geknotet. Nehmen Sie dazu einen äußeren und seinen benachbarten Strang eines Kreuzknotens. Diese beiden Stränge dienen als Trägerfäden. Legen Sie einen zusätzlichen 45 cm langen Faden mittig unter die beiden Stränge. Die beiden Enden des extra Fadens werden als Arbeitsfäden genutzt. Knoten Sie nun damit drei Kreuzknoten untereinander.

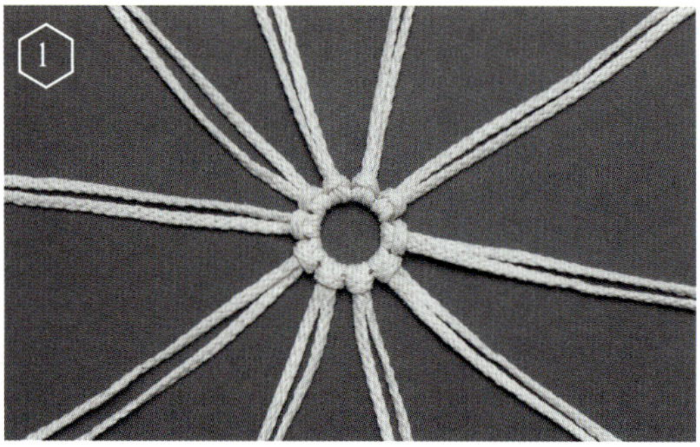

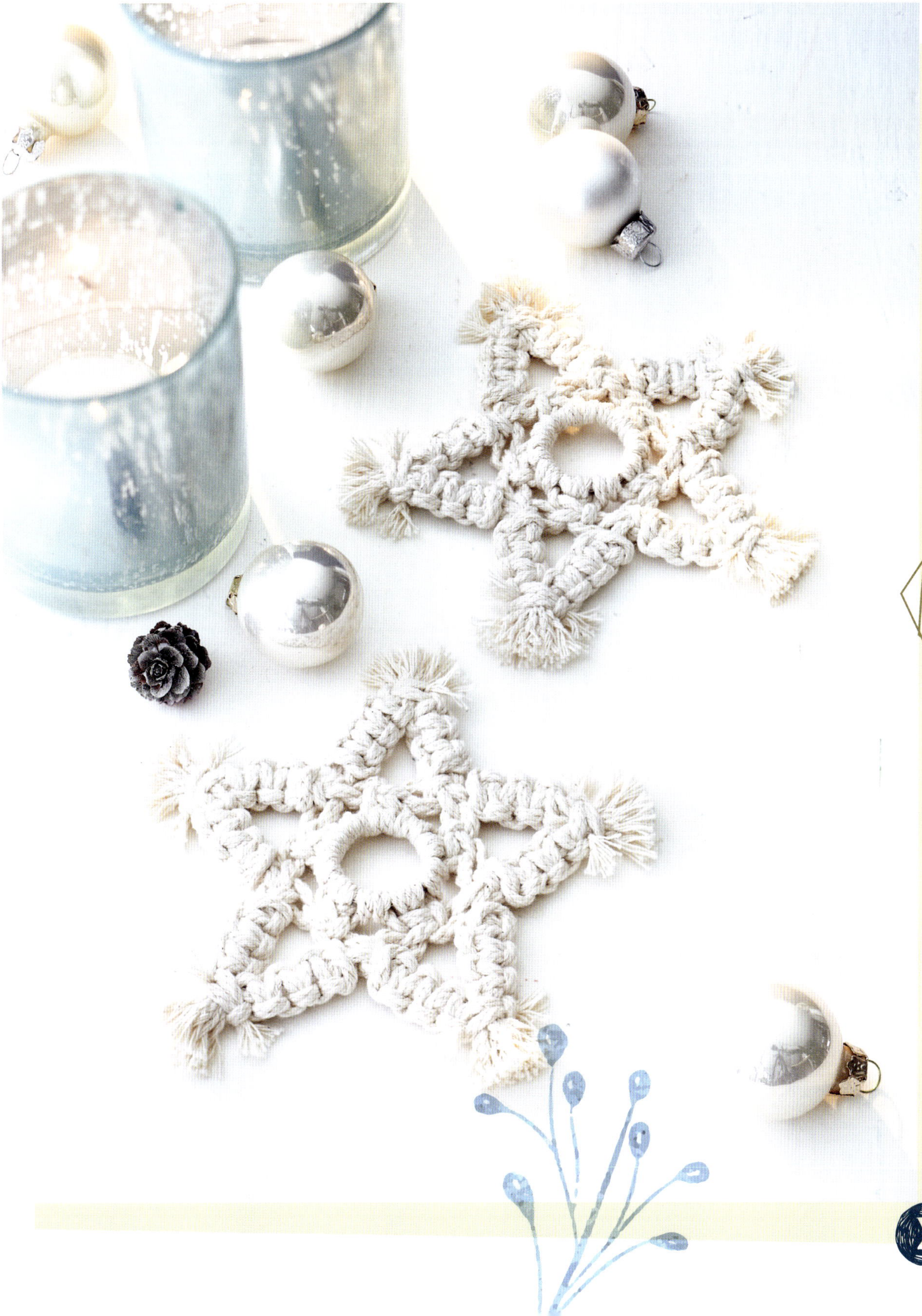

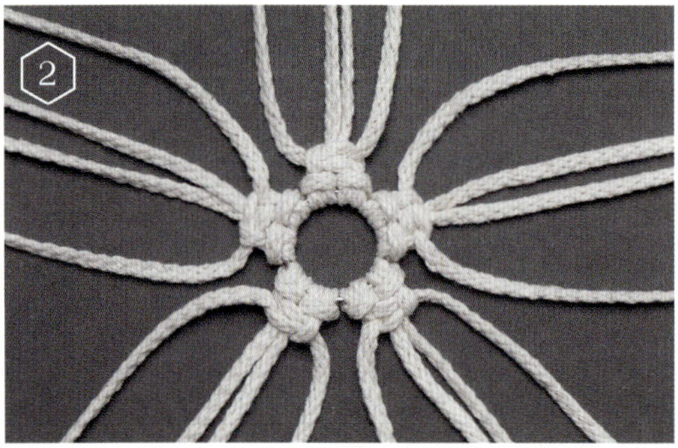

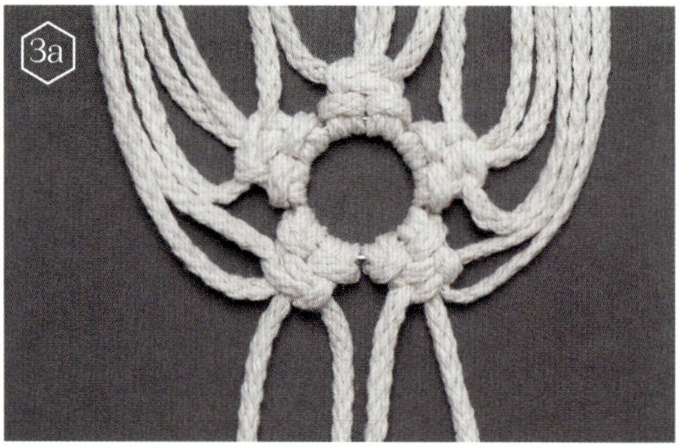

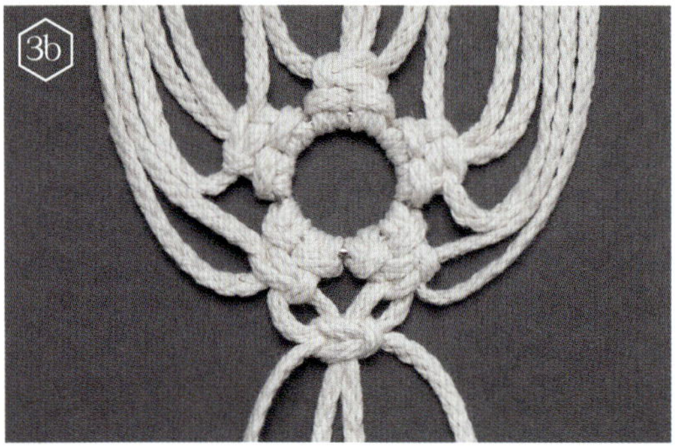

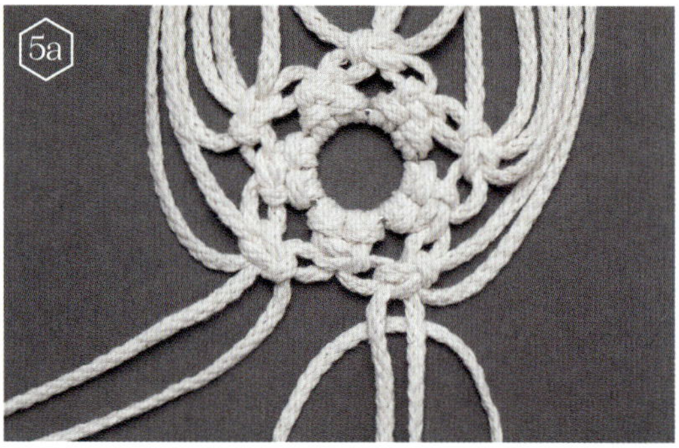

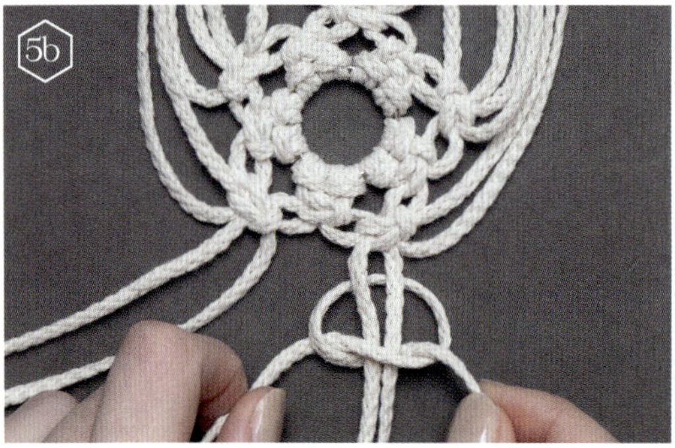

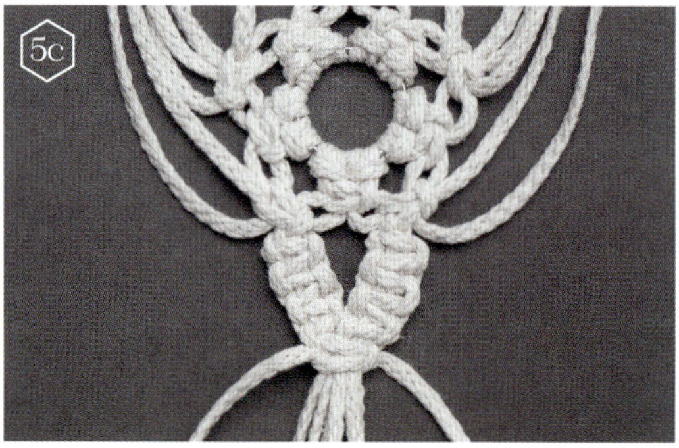

6. Wiederholen Sie Schritt 5 mit zwei Strängen des danebenliegenden Kreuzknotens aus der zweiten Reihe.

7. Anschließend werden die beiden Kreuzknoten-Reihen verbunden, um eine Sternspitze zu formen. Dazu werden die beiden Kreuzknoten-Reihen aus Schritt 5-6 mittig zusammengeführt. Der jeweils äußere Strang dient als Arbeitsfaden. Die sechs Stränge in der Mitte sind Trägerfäden. Knoten Sie einen Kreuzknoten. Kürzen Sie die Enden der Trägerfäden aus Schritt 7 auf etwa 1 cm und die Arbeitsfäden auf etwa 0,5 cm.

8. Wiederholen Sie Schritt 5–7 einmal rundherum, bis Sie fünf Spitzen angefertigt haben.

Filigrane Schneeflocke

für Fenster oder Weihnachtsbaum

Die Schneeflocken eignen sich auch als hübsche Untersetzer.

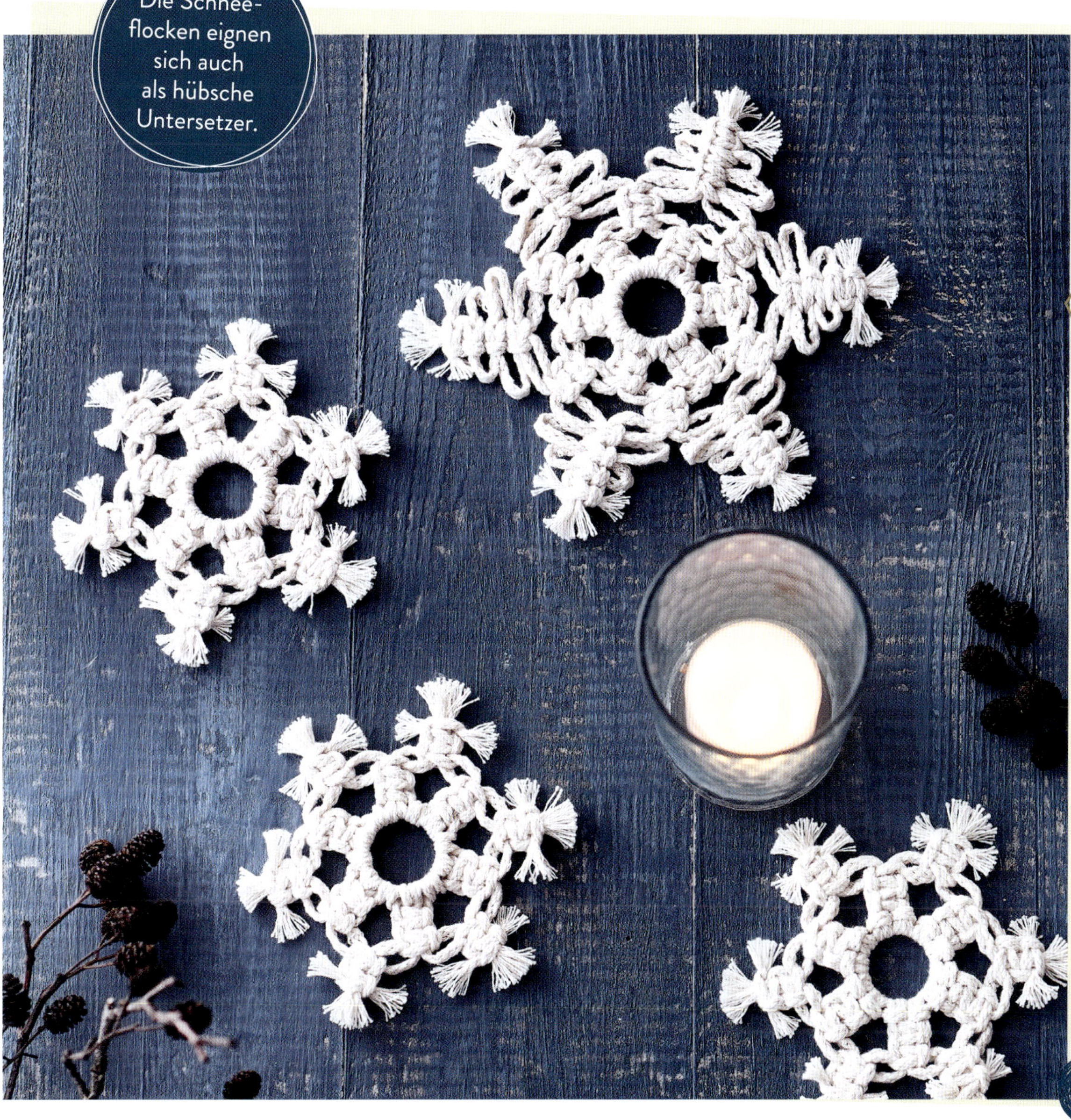

MOTIVLÄNGE

- ca. 10,5 cm (klein)
- ca. 14,5 cm (groß)

MATERIAL

Kleine Schneeflocke

- 12 Baumwollfäden in Natur, geflochten, ø 2–3 mm, 40 cm lang
- Schlüsselring, ø 2–3 mm
- Schere

Große Schneeflocke

- 12 Baumwollfäden in Natur, geflochten, ø 2–3 mm, 75 cm lang
- Schlüsselring, ø 2–3 mm
- Schere

Kleine Schneeflocke

1. Befestigen Sie zwölf 40 cm lange Fäden mit dem von vorne geknoteten Ankerknoten am Schlüsselring.

2. Die kleine Schneeflocke besteht aus Doppelkreuzknoten. Knoten Sie für einen Doppelkreuzknoten zwei Kreuzknoten untereinander. In der ersten Reihe werden mit allen 24 Strängen sechs Doppelkreuzknoten um den Schlüsselring geknotet.

3. In der zweiten Reihe knoten Sie versetzt zur ersten Reihe erneut sechs Doppelkreuzknoten. Versetzt bedeutet, dass Sie mit den rechten beiden Strängen des einen Kreuzknotens und den linken beiden Strängen des benachbarten Kreuzknotens einen neuen Kreuzknoten knoten.

4. Kürzen Sie die Enden auf etwa 0,5 cm.

Hängen Sie mehrere Schneeflocken an einem Ast auf als hübsche Dekoration.

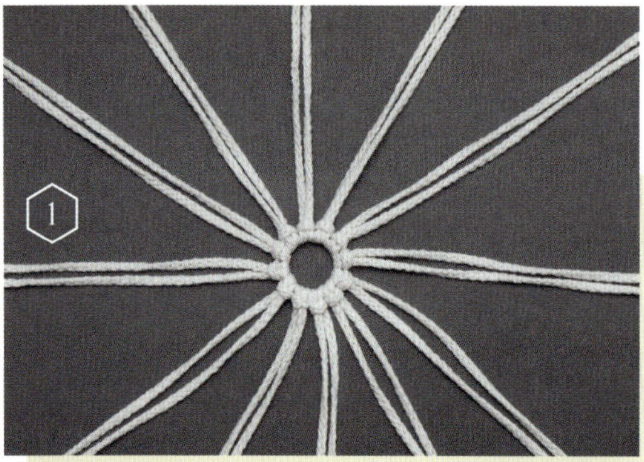

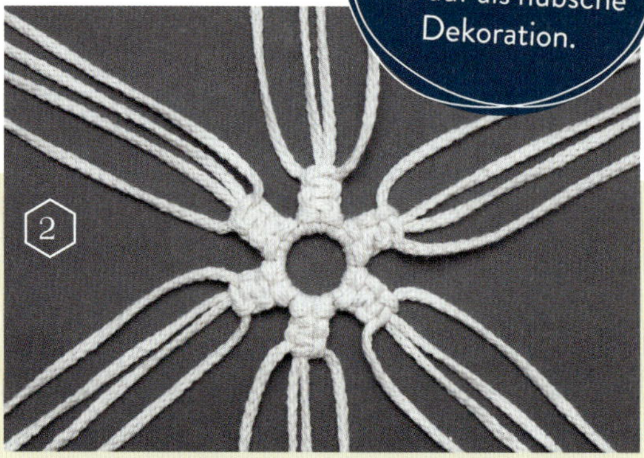

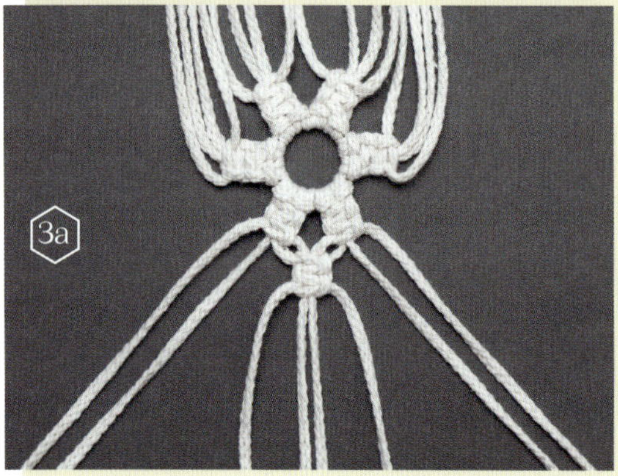

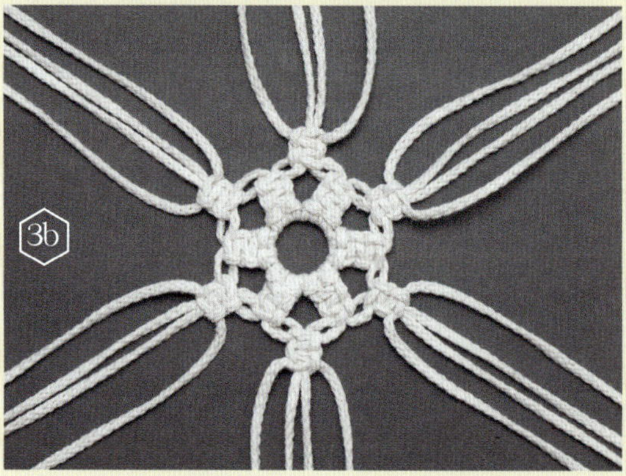

Grosse Schneeflocke

1. Befestigen Sie zwölf 75 cm lange Fäden mit dem von vorne geknoteten Ankerknoten am Schlüsselring.

2. Knoten Sie Schritt 2–3 der kleinen Schneeflocke.

3. Versetzt zur Reihe zuvor einen Kreuzknoten knoten.

4. Mit den gleichen Strängen wie in Schritt 3 folgt ein weiterer Kreuzknoten in einem Abstand von etwa 2,5 cm. Dieser wird im Anschluss entlang der Trägerfäden nach oben zu dem Kreuzknoten aus Schritt 3 geschoben. Dadurch entstehen an der Seite kleine Schlaufen.

5. Es folgt ein weiterer Kreuzknoten mit den gleichen Strängen wie in Schritt 3 und 4. Dieser wird in einem Abstand von etwa 1,5 cm zum Kreuzknoten zuvor positioniert und anschließend nach oben geschoben.

6. Knoten Sie nun einen letzten Kreuzknoten ohne Abstand direkt an den Kreuzknoten aus Schritt 5.

7. Wiederholen Sie Schritt 3–5 für die restlichen Stränge rundherum, sodass Sie insgesamt sechs solcher Schlaufenarme knoten.

8. Kürzen Sie die Enden auf etwa 0,5 cm.

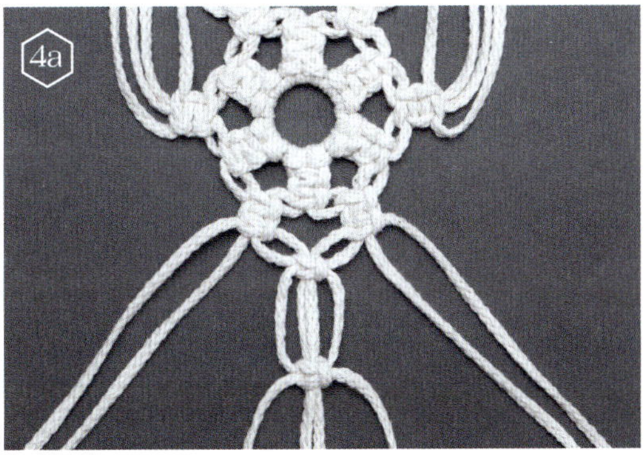

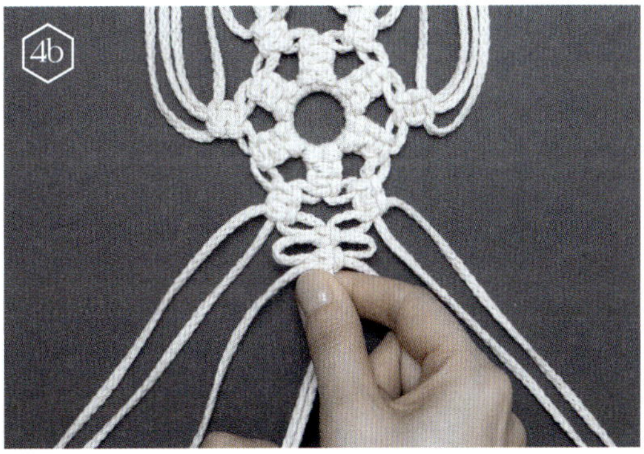

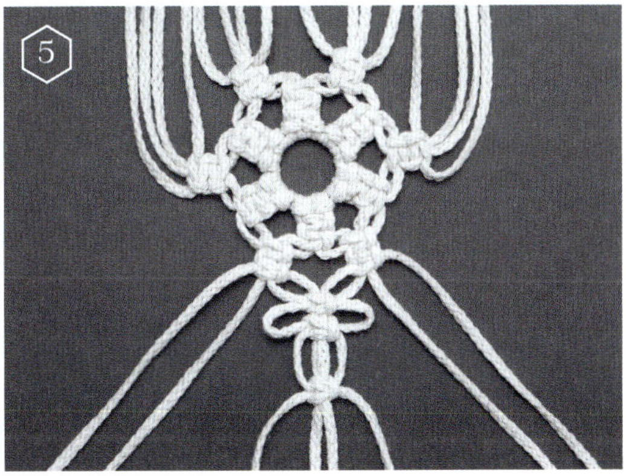

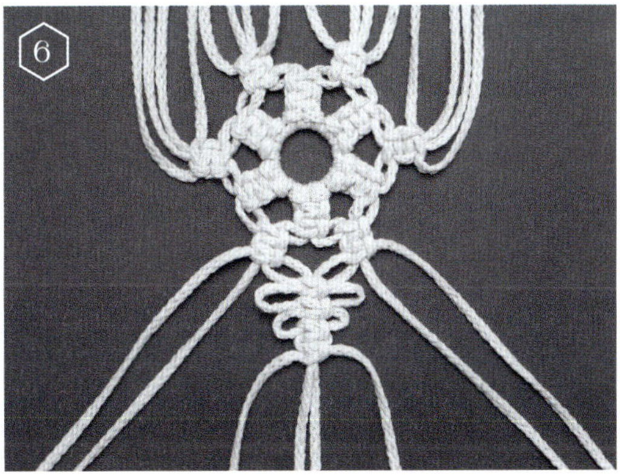

Oh Tannenbaum

die nachhaltige und nadelfreie Alternative

MOTIVLÄNGE

- ca. 48 cm (ohne Aufhängung gemessen)

MATERIAL

- 20 Baumwollfäden in Natur, geflochten, ø 4 mm, 4,50 m lang
- Ast, 27 cm lang
- Schere

1. Befestigen Sie vier 4,50 m lange Fäden mit dem von vorne geknoteten Ankerknoten mittig am Ast.

2. Die jeweils beiden äußeren Stränge beiseitelegen. Knoten Sie mit den vier mittleren Strängen einen Kreuzknoten.

3. Nehmen Sie die in Schritt 2 beiseitegelegten Stränge wieder hinzu und knoten Sie mit allen acht Strängen zwei Kreuzknoten nebeneinander.

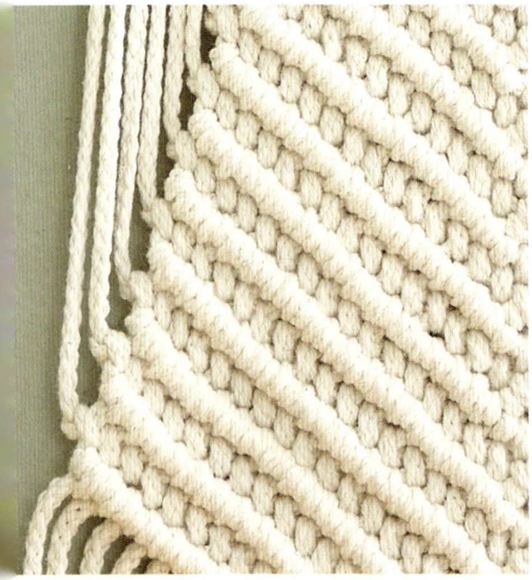

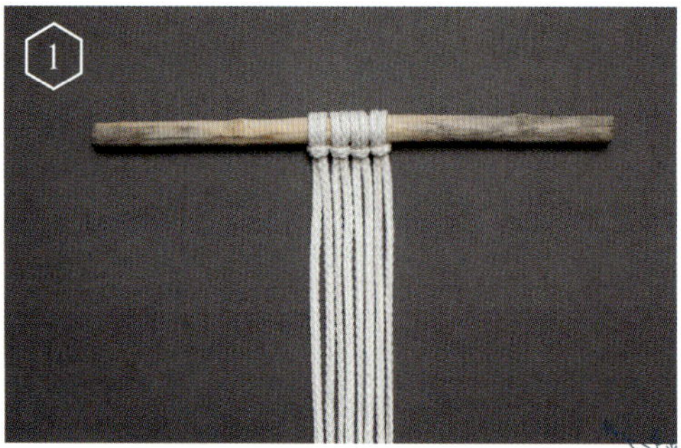

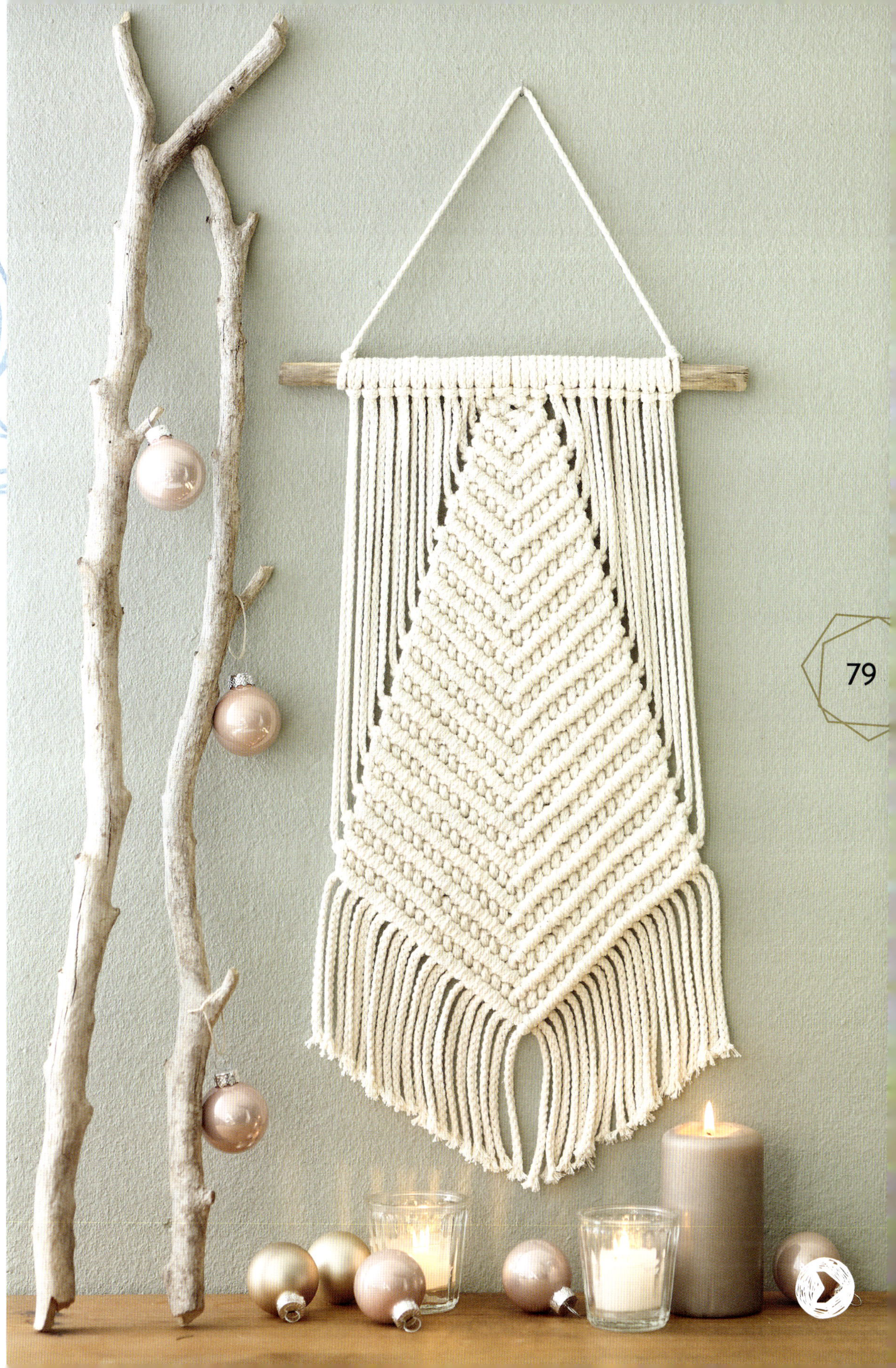

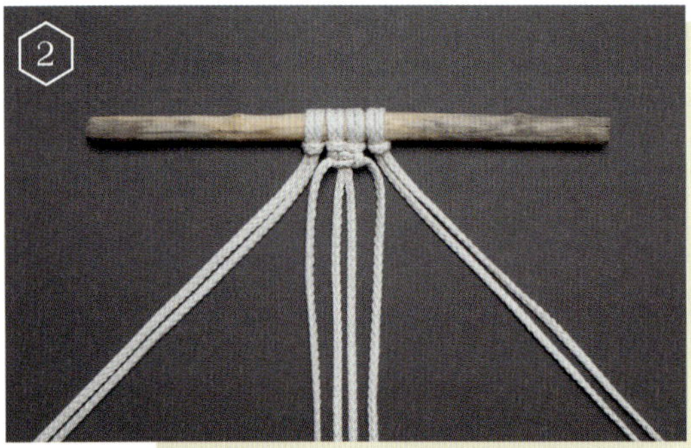
2

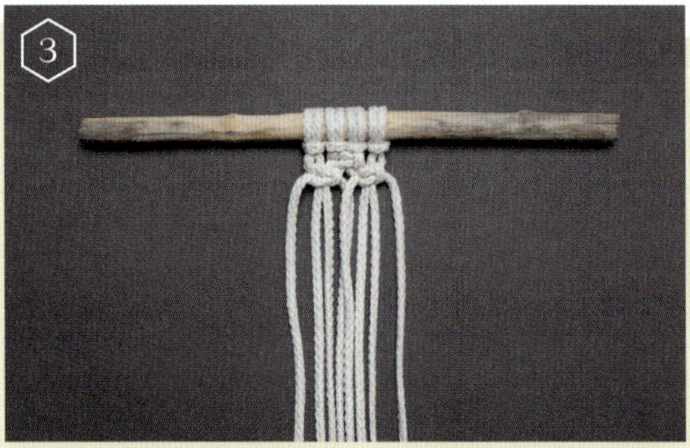
3

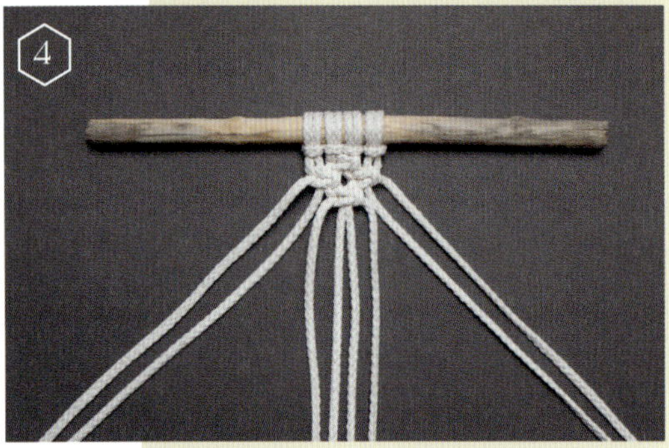
4

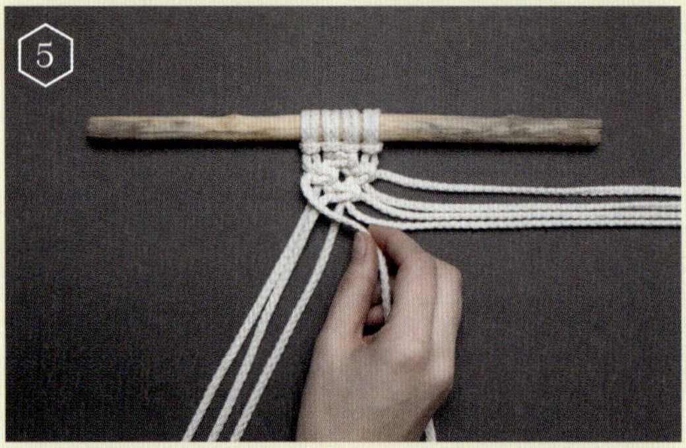
5

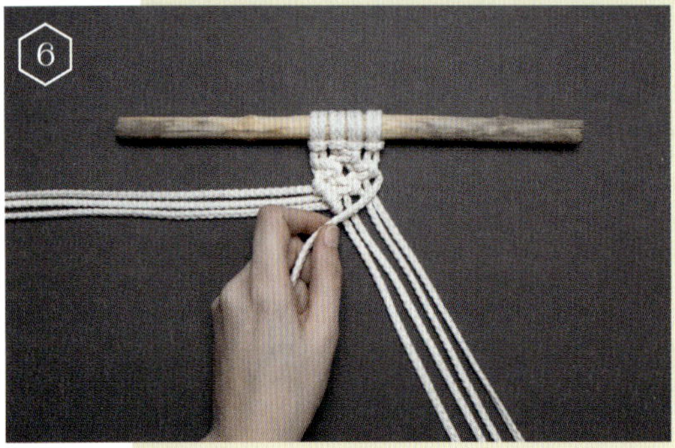
6

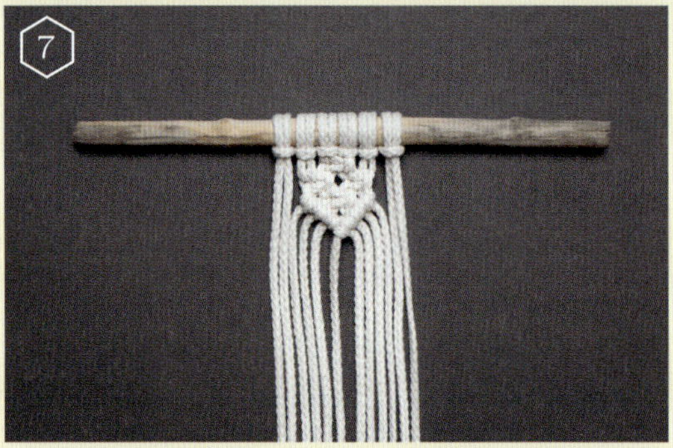
7

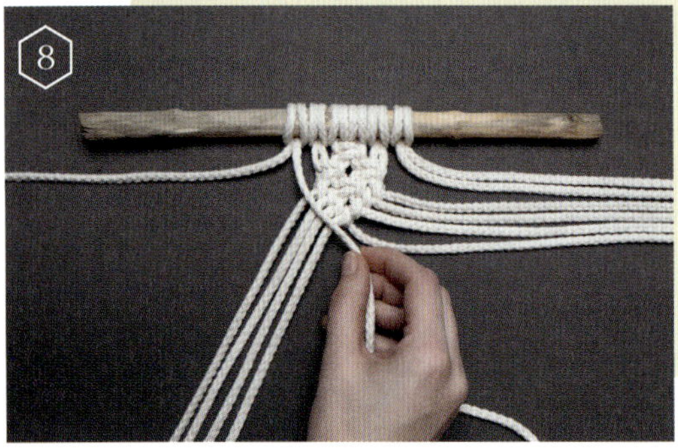
8

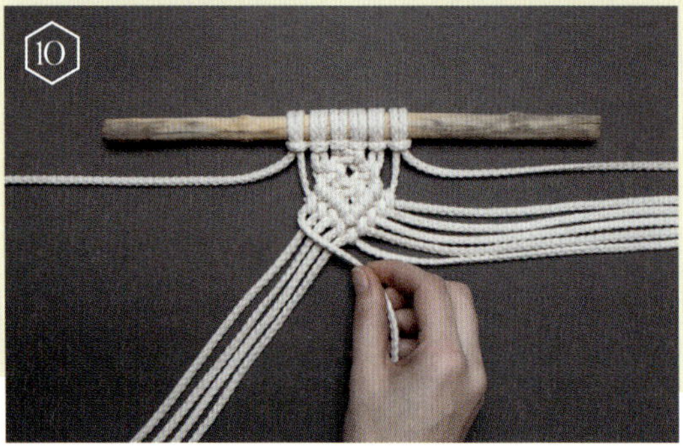
10

4. Wiederholen Sie Schritt 2.

5. Es folgt eine Reihe Rippenknoten. Teilen Sie dazu alle Stränge in der Mitte auf, sodass jeweils vier Stränge auf der linken und rechten Seite liegen. Legen Sie die vier Stränge der rechten Seite weg. Der obere Faden der linken Seite dient als Trägerfaden. Halten Sie ihn über die drei Arbeitsfäden schräg nach unten in Richtung Mitte. Eine Reihe Rippenknoten knoten.

6. Wiederholen Sie Schritt 5 für die rechte Seite. Auch hier dient der obere Faden als Trägerfaden. Um die Reihe Rippenknoten in der Mitte zu verbinden, nutzen Sie den Trägerfaden der linken Seite als zusätzlichen Arbeitsfaden.

7. Befestigen Sie auf beiden Seiten des bisher geknoteten Musters jeweils einen weiteren 4,50 m langen Faden mit dem von vorne geknoteten Ankerknoten.

8. Wenden Sie Ihren Wandbehang auf die Rückseite. Teilen Sie die Stränge wieder in der Mitte. Legen Sie die Stränge der rechten Seite weg. Der zweite Strang von links dient als Trägerfaden und wird über die vier Arbeitsfäden schräg nach unten in die Mitte gehalten. Hier wird also ein neuer Strang zum Muster hinzugenommen. Knoten Sie eine Reihe Rippenknoten.

Der Wandbehang kann wie ein Weihnachtsbaum geschmückt werden.

9. Wiederholen Sie Schritt 8 für die rechte Seite. Auch hier wird die Reihe Rippenknoten in der Mitte verbunden. Gehen Sie dazu vor, wie in Schritt 6 beschrieben.

10. Wenden Sie Ihren Wandbehang wieder auf die Vorderseite. Knoten Sie eine Reihe Rippenknoten wie schon in Schritt 5–6 beschrieben. Hier wird kein neuer Strang wie auf der Rückseite hinzugenommen.

11. Anschließend wenden Sie Ihren Wandbehang wieder auf die Rückseite und knoten eine Reihe Rippenknoten. Nehmen Sie auch hier wieder einen neuen Strang als Trägerfaden auf beiden Seiten hinzu.

12. Wiederholen Sie die beschriebenen Schritte immer wieder, bis Sie insgesamt 33 Reihen Rippenknoten abwechselnd auf der Vorder- und Rückseite geknotet haben. Für die Rippenknoten auf der Rückseite nehmen Sie immer einen neuen Faden als Trägerfaden zum Muster hinzu. Auf der Vorderseite nehmen Sie keinen neuen Faden zum Muster hinzu. Sobald Sie keinen neuen Strang auf der Rückseite hinzunehmen können, wird auf beiden Seiten des Musters jeweils ein neuer 4,50 m langer Faden befestigt.

13. Kürzen Sie die Enden auf etwa 10 cm, sodass Sie die Form des Wandbehangs nachformen.

Ornament mit Ton

modern und boho

MOTIVLÄNGE

- ca. 6 cm (ohne Aufhängung)

MATERIAL

- 3 Baumwollfäden in Purpurrot, geflochten, ø 2–3 mm, 10 cm lang
- Nylonfaden in Transparent, 15 cm lang
- Lufttrocknende Modelliermasse in Weiß
- Nudelholz
- Nadel
- Messer
- feines Scleifpapier
- Schere

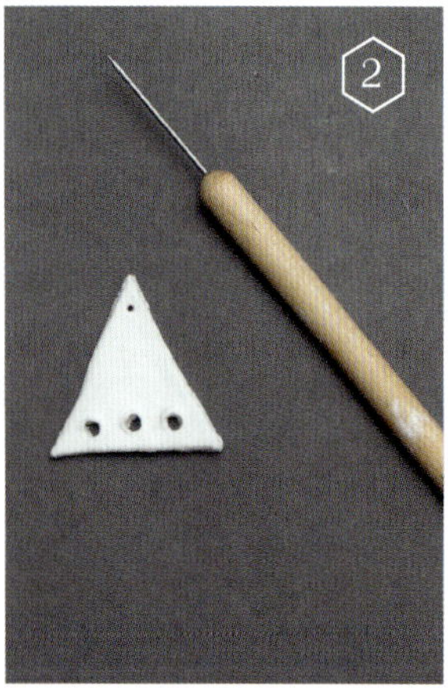

1. Rollen Sie eine kleine Menge Modelliermasse aus und schneiden Sie ein Dreieck heraus, das etwa 4 cm breit und hoch ist.

2. Arbeiten Sie an der unteren 4 cm breiten Kante drei Löcher in die Modelliermasse. Diese Löcher sollten etwa 4-5 mm groß sein. Zusätzlich auch in die Spitze ein kleines Loch arbeiten, damit der Anhänger später aufgehängt werden kann.

3. Lassen Sie die Modelliermasse trocknen. Halten Sie sich hierbei an die Herstellerangaben.

4. Unebenheiten mit feinem Schleifpapier wegschleifen.

5. In jedes der drei Löcher an der unteren Kante des Dreiecks einen 10 cm langen Faden mit dem von vorne geknoteten Ankerknoten befestigen. Sollten Sie Probleme haben, den Faden durch das Loch zu fädeln, nehmen Sie einen spitzen Gegenstand zur Hilfe, oder kleben Sie das Ende mit (Krepp-)Klebeband ab, um es zu verjüngen. Arbeiten Sie hier vorsichtig, damit die ausgehärtete Masse nicht bricht.

6. Kämmen Sie die Enden aus und kürzen Sie diese auf etwa 2 cm.

7. Fädeln Sie einen Nylonfaden durch das Loch an der Spitze und verknoten Sie die Enden, um das Ornament aufhängen zu können.

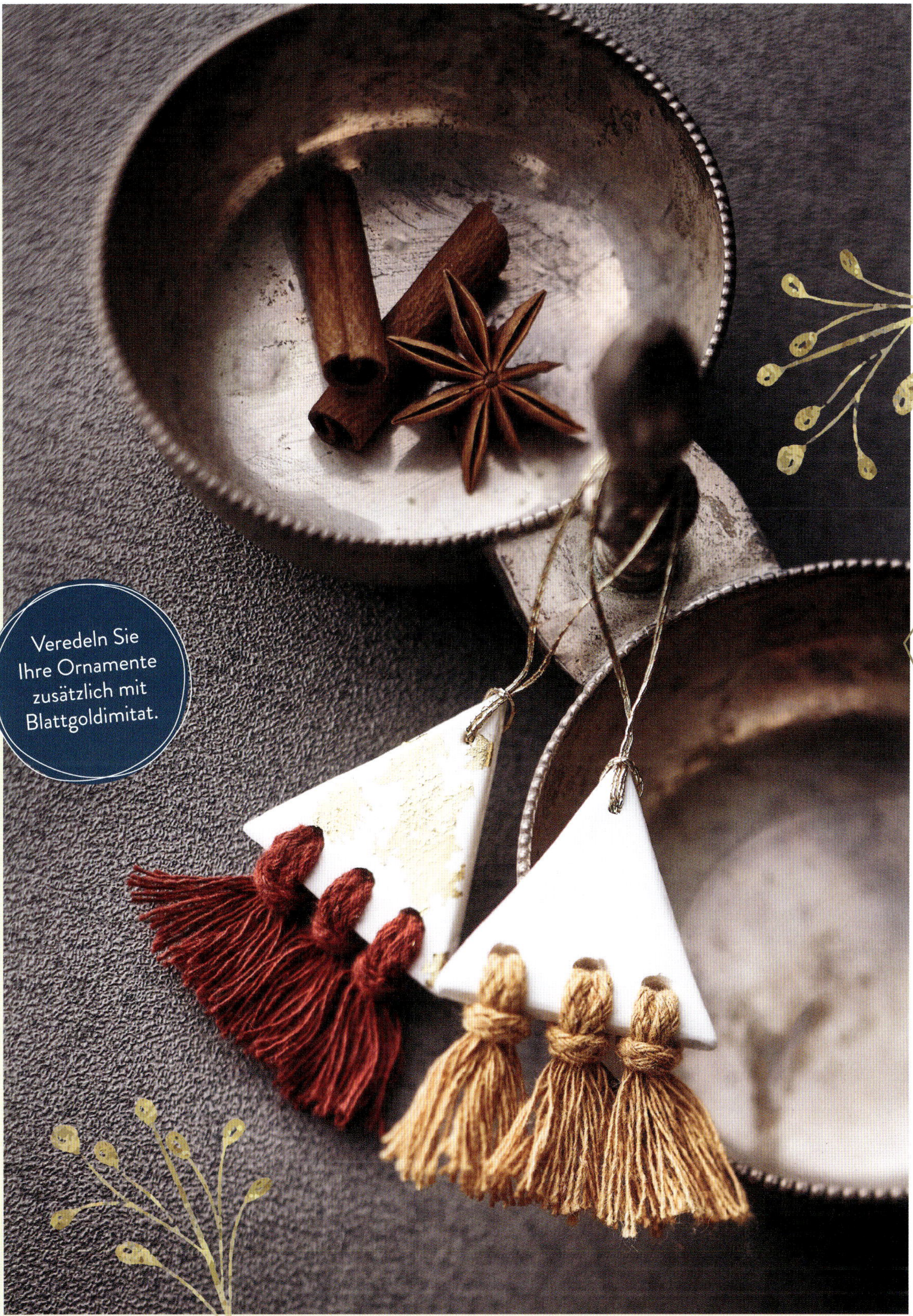

Veredeln Sie Ihre Ornamente zusätzlich mit Blattgoldimitat.

Flauschiger Adventskranz

als eleganter Türschmuck

MOTIVHÖHE

- ca. 37 cm

MATERIAL

- Creative Cocon in Natur, 3,50 m lang
- Metallring in Gold ø 25 cm
- Bäckergarn in Gold, 70 cm lang
- Schere

1. Legen Sie den Metallring auf eine der Enden der Creative Cocon, sodass das kurze, 10 cm lange Ende außerhalb des Rings liegt.

2. Das lange Ende locker über den Ring legen.

3. Anschließend das lange Ende um den Ring durch die eigene Schlaufe führen und vorsichtig festziehen.

4. Wiederholen Sie Schritt 2–3 bis Sie den kompletten Ring umknotet haben. Zum Schluss das Ende durch eine Schlaufe des Anfangs führen, um den Anfang und das Ende zu verbinden.

5. Beide Enden nach unten führen und mit einem Wickelknoten zusammenhalten. Nutzen Sie dazu das 70 cm lange Bäckergarn.

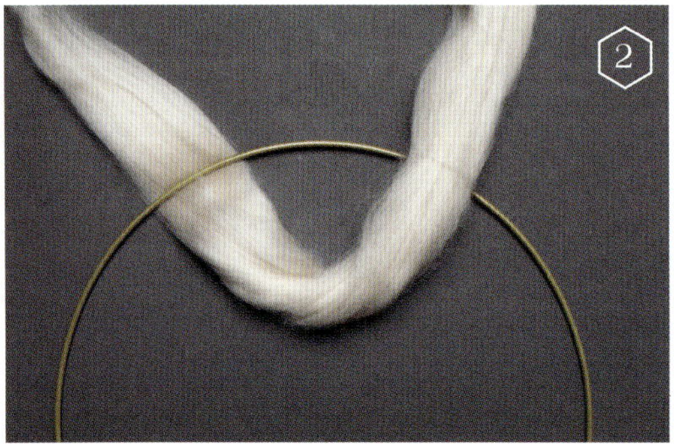

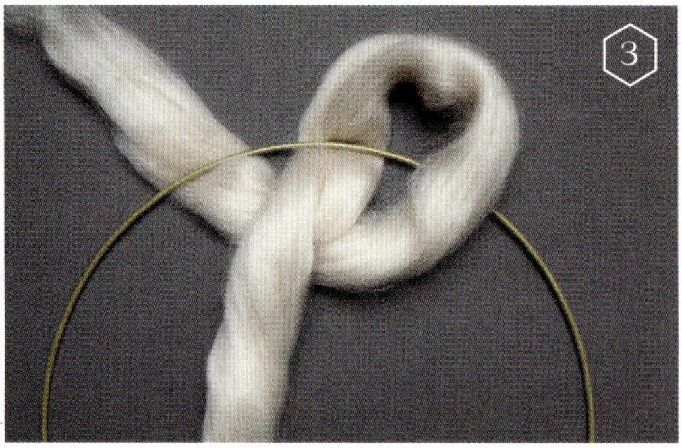

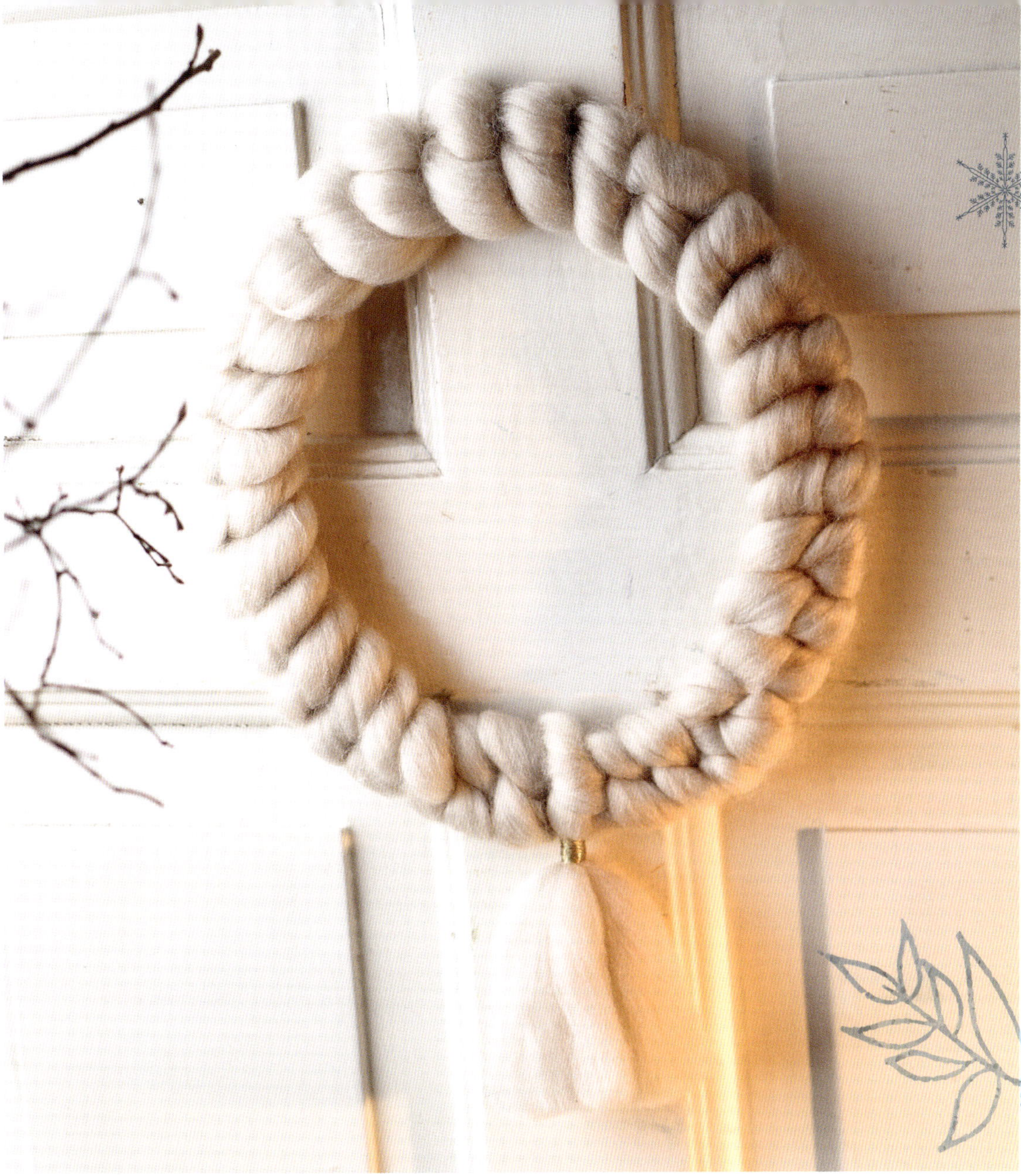

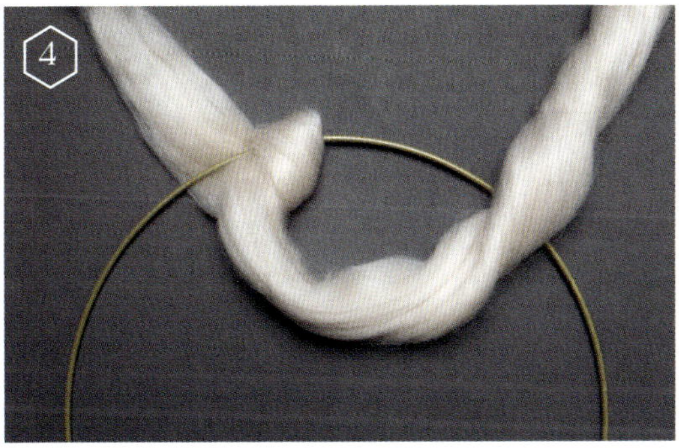
4

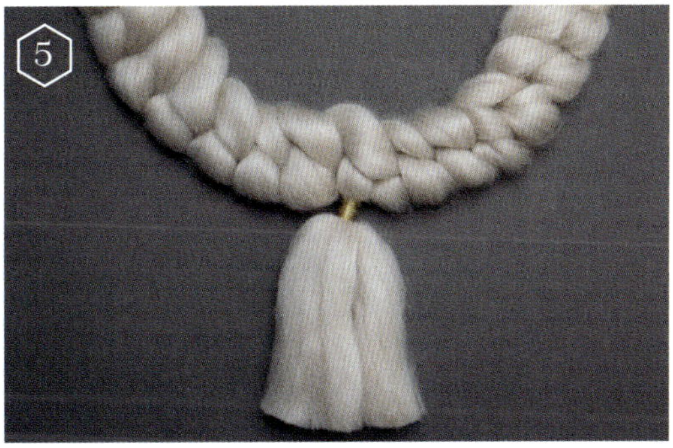
5

Stilvoller Lampenschirm

für stimmungsvolle Beleuchtung

MOTIVLÄNGE
- ca. 75 cm

MATERIAL
- 30 Baumwollfäden in Natur, geflochten, ø 4 mm, 1,90 m lang
- 5 Baumwollfäden in Natur, geflochten, ø 1 mm, 60 cm lang
- Metallring in Gold ø 15 cm
- LED Lichterkette in Warmweiß, 10 Lichter, 1,20 m lang
- Schere

1. Befestigen Sie sechs 1,90 m lange Fäden mit dem von vorne geknoteten Ankerknoten am Metallring.

2. Mit allen zwölf Strängen drei Kreuzknoten nebeneinander knoten.

3. Es folgen abnehmende Reihen. Legen Sie dazu auf beiden Seiten jeweils zwei Stränge zur Seite. Mit den restlichen acht Strängen zwei Kreuzknoten knoten.

4. Legen Sie erneut auf beiden Seiten jeweils zwei Stränge weg, sodass nun vier Stränge vor Ihnen liegen. Knoten Sie damit einen Kreuzknoten als Spitze des Dreiecks.

5. Es folgt eine Reihe Rippenknoten entlang der Kanten des Dreiecks. Teilen Sie dazu die Stränge in der Mitte auf, sodass auf beiden Seiten jeweils sechs Stränge liegen. Legen Sie die Stränge der rechten Seite weg. Der obere Strang der linken Seite dient als Trägerfaden. Halten Sie diesen über die Arbeitsfäden schräg nach unten in die Mitte. Knoten Sie eine Reihe Rippenknoten.

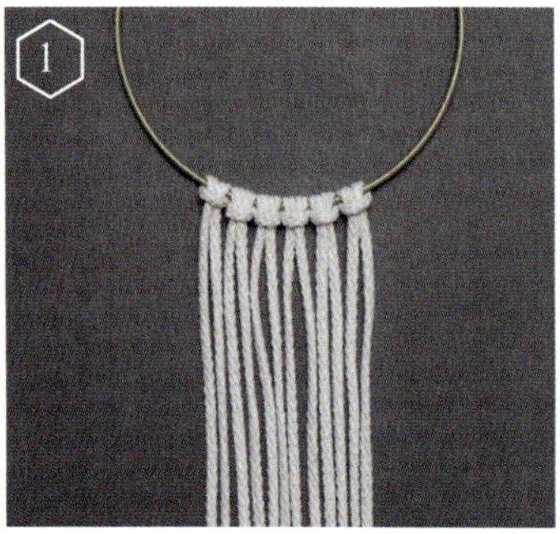

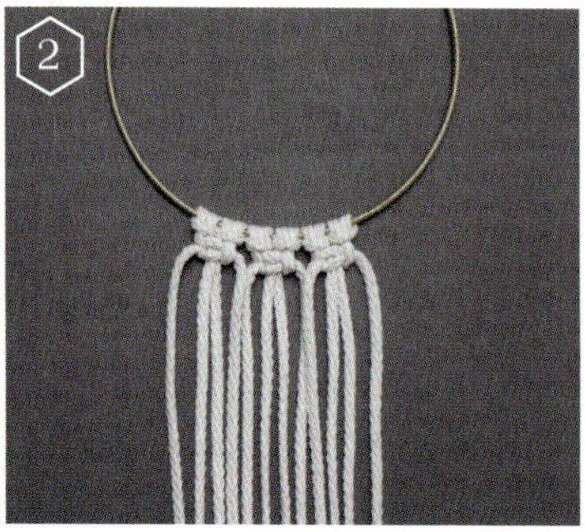

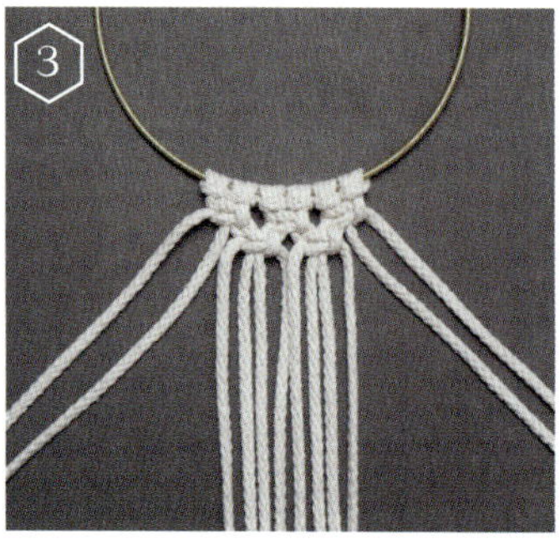

6. Wiederholen Sie Schritt 5 für die rechte Seite. Auch hier dient der obere Strang als Trägerfaden. Verbinden Sie die Reihe Rippenknoten an der Spitze, indem Sie den Trägerfaden der linken Seite als zusätzlichen Arbeitsfaden nutzen.

7. Eine zweite Reihe Rippenknoten knoten. Wiederholen Sie dazu Schritt 5–6.

8. Wiederholen Sie Schritt 1–7 und knoten Sie ein zweites Dreieck.

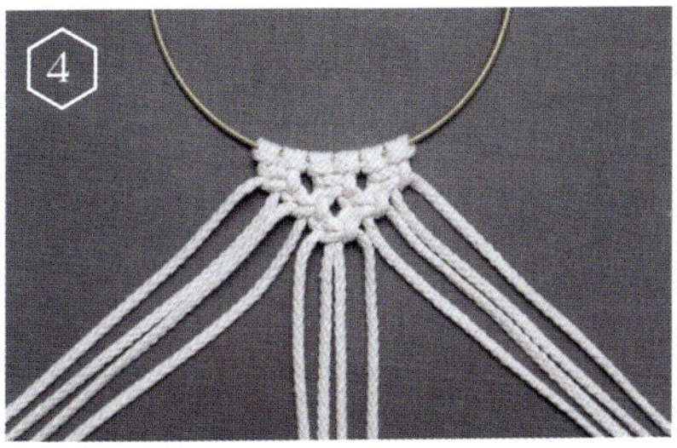

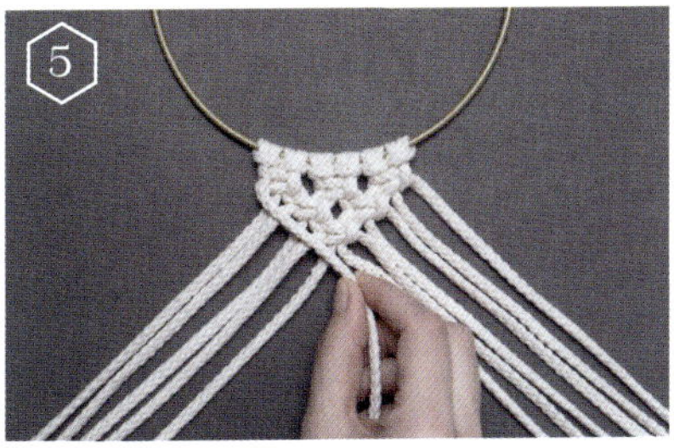

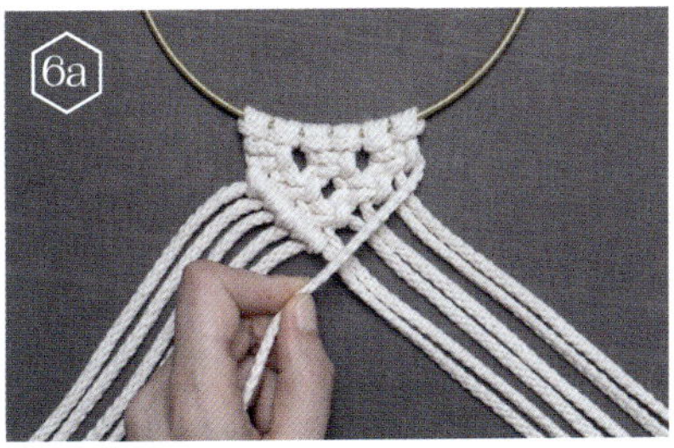

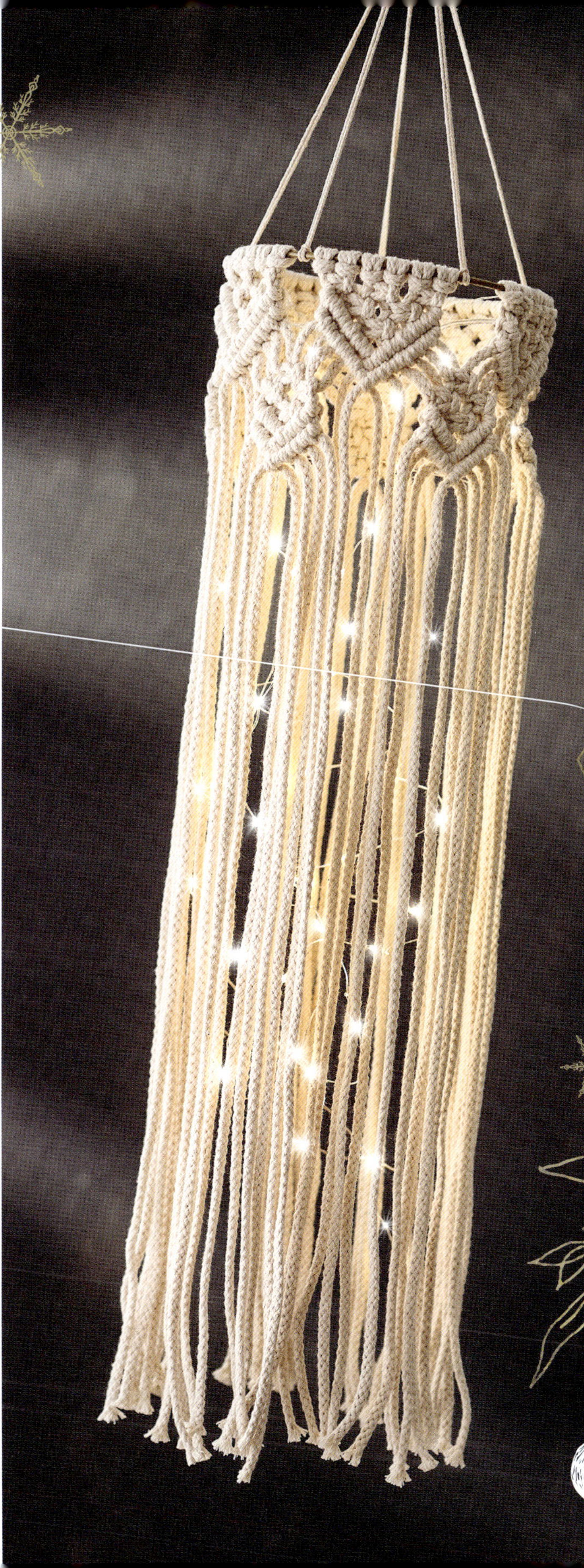

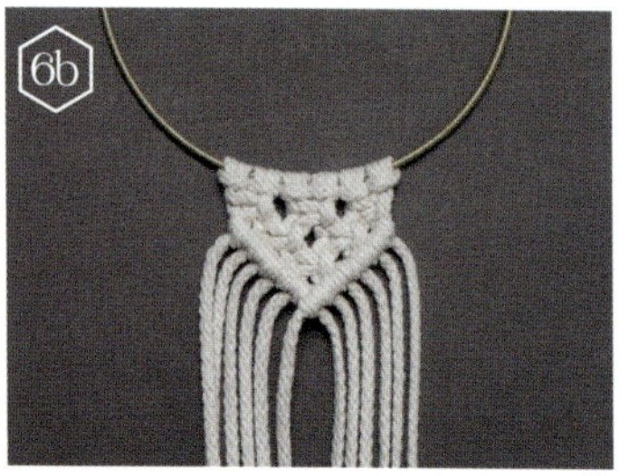

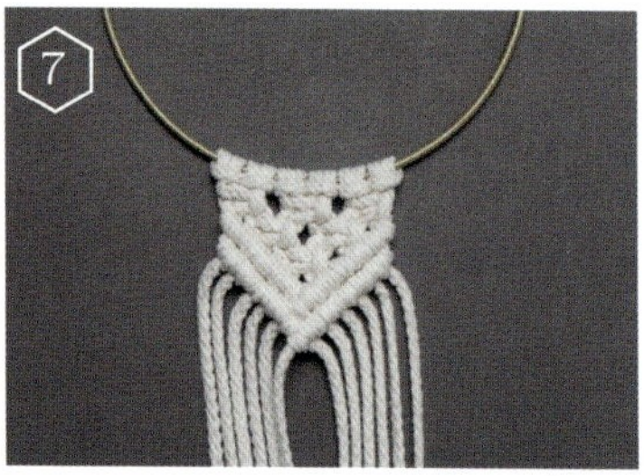

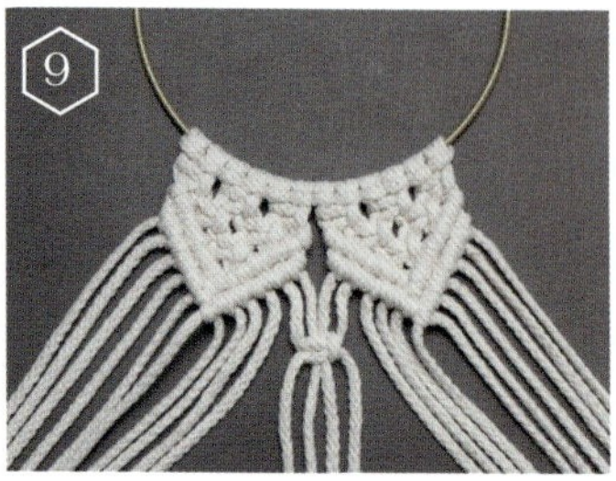

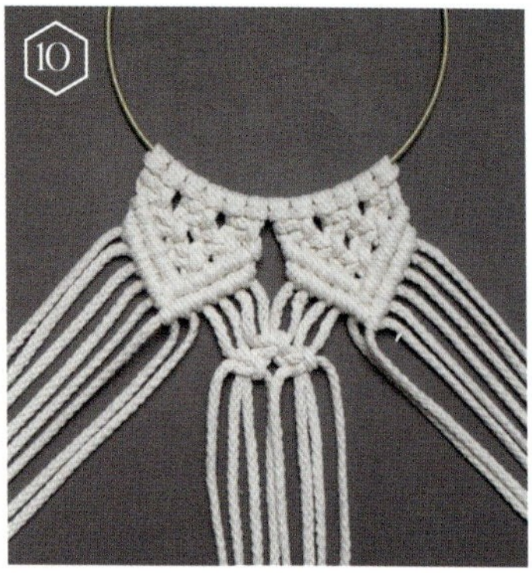

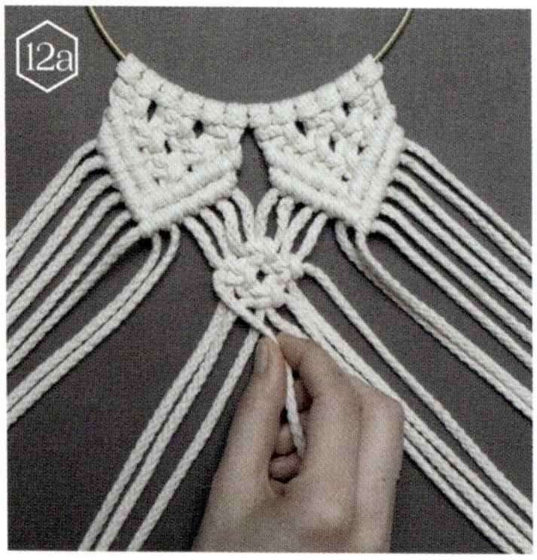

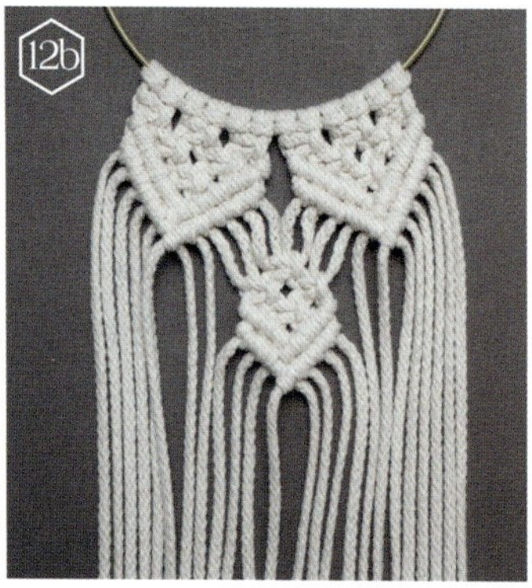

9. Schieben Sie die beiden Dreiecke eng zusammen und knoten Sie anschließend mit den mittleren vier Strängen einen Kreuzknoten, der auf Höhe der Dreiecksspitzen liegt.

10. Auf beiden Seiten jeweils zwei Stränge hinzunehmen. Knoten Sie mit den acht Strängen zwei Kreuzknoten.

11. Mit den mittleren vier Strängen einen Kreuzknoten knoten. Legen Sie dazu die jeweils beiden äußeren Stränge aus Schritt 10 beiseite.

12. Es folgen zwei Reihen Rippenknoten entlang der unteren Kanten der Raute aus Kreuzknoten. Gehen Sie dazu vom Prinzip vor, wie in Schritt 5–7 beschrieben.

13. Wiederholen Sie Schritt 1–12, bis Sie fünf Dreiecke inklusive der Raute zwischen den Dreiecken um den Metallring geknotet haben. Drehen Sie das Muster so um den Ring, dass es nach unten verläuft und das Muster einen Lampenschirm ergibt. Zwischen den Dreiecken liegt nun ein Abstand von etwa 2 cm. Vor allem bei den letzten beiden Dreiecken kann es sein, dass es komfortabler wird, Schritt 15 vorzuziehen und im hängenden Zustand zu knoten.

14. Kürzen Sie die Enden auf eine Länge.

15. Befestigen Sie mit dem Ankerknoten fünf 60 cm lange Stränge mit dem dünnen Garn und verknoten Sie die Enden miteinander. Daran wird der Lampenschirm aufgehängt.

16. Fixieren Sie die LED-Lichterkette innen, indem Sie diese ein paar Mal um den Ring wickeln und nach unten hängen lassen. Das Ende des Drahts ein Stück nach oben führen und an einem oberen Teil der Lichterkette fixieren, damit sie nicht unten hervorragt.

Tannenbaum Ring

für weihnachtliche Wände

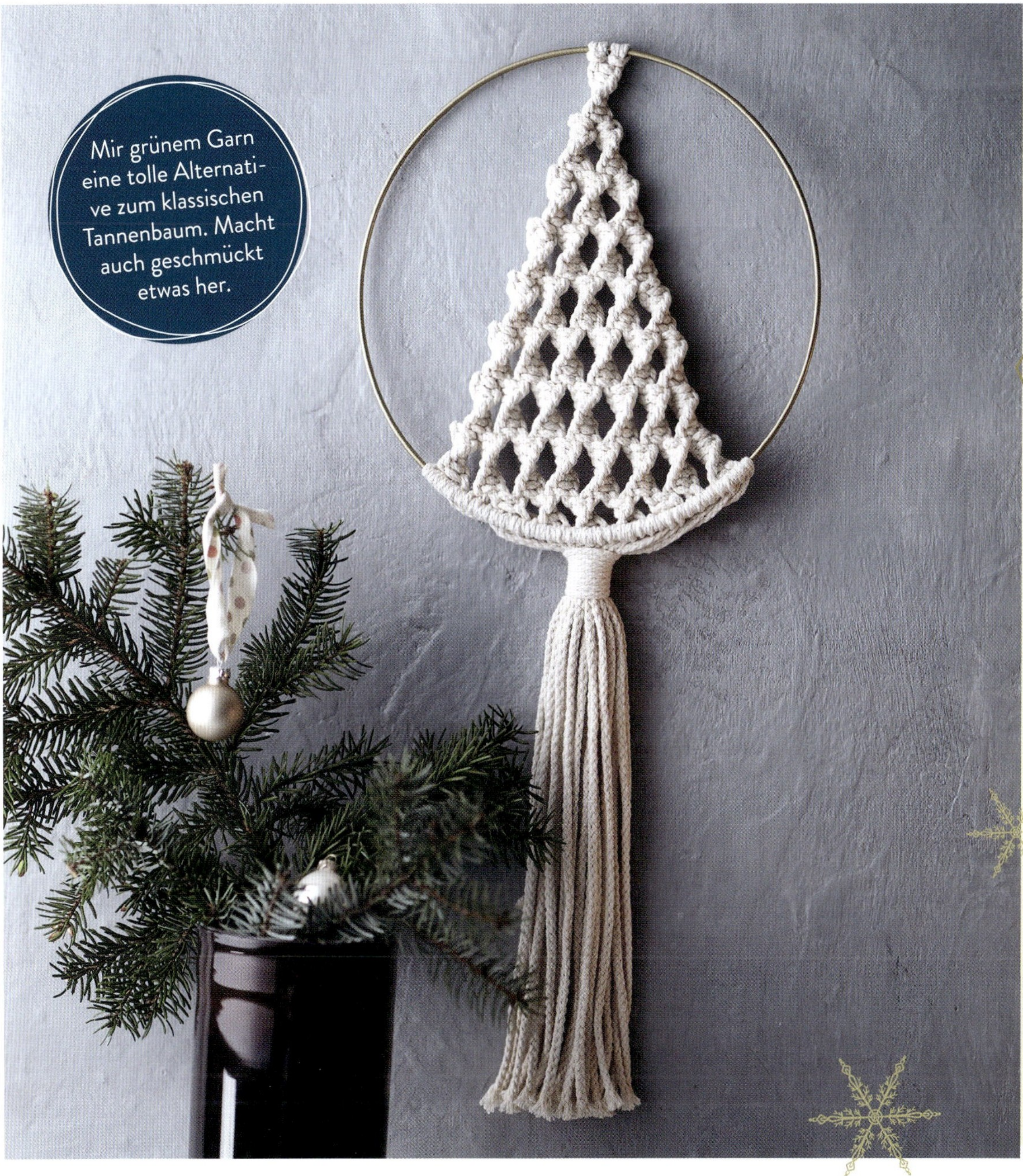

MOTIVLÄNGE
ca. 55 cm

MATERIAL
39,25 m Baumwollgarn in Natur, geflochten, ø 4 mm (zum Zuschneiden) • Baumwollfaden in Natur, geflochten, ø 4 mm, 80 cm lang • Metallring in Gold, ø 25 cm • Nylonfaden • Schere

1. Schneiden Sie zwei 3,50 m lange Fäden von den 39,25 m Garn ab und befestigen Sie sie mit dem von vorne geknoteten Ankerknoten oben am Metallring.

2. Einen 3 cm langen gedrehten Strang mit dem halben Kreuzknoten knoten. Sie werden etwa sieben Knoten knoten müssen.

3. Teilen Sie die Stränge in der Mitte auf, sodass auf beiden Seiten je zwei Stränge liegen. Mit einem neuen 3,25 m langen Fadens einen weiteren ca. 3 cm langen gedrehten Strang wie in Schritt 2 knoten. Legen Sie dazu den extra Faden mittig unter zwei Stränge. Die beiden Enden des extra Fadens dienen nun als Arbeitsfäden. Schieben Sie den ersten Knoten direkt an den gedrehten Strang aus Schritt 2 nach oben.

4. Wiederholen Sie Schritt 3 für die anderen beiden Stränge, sodass nun in der zweiten Reihe zwei gedrehte Stränge nebeneinander liegen.

5. In der dritten Reihe mit den mittleren vier Strängen einen versetzten, gedrehten Strang knoten.

6. Knoten Sie, wie in Schritt 3 beschrieben, an die jeweils beiden äußeren Stränge einen gedrehten Strang. Dazu schneiden Sie sich pro gedrehten Strang einen 3 m langen extra Faden zu.

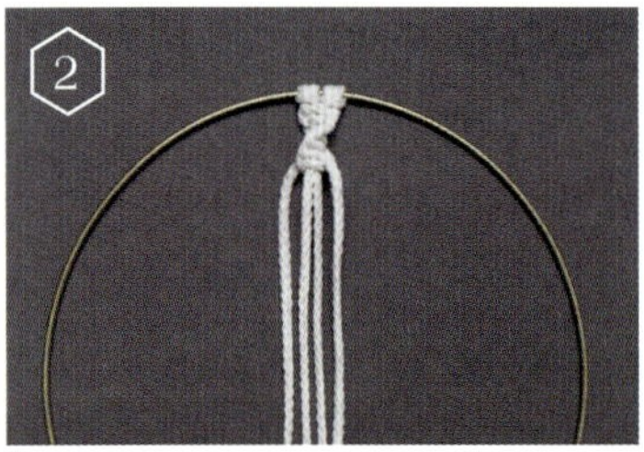

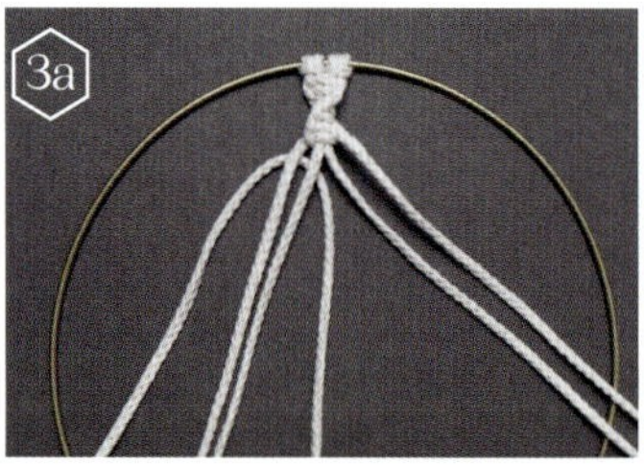

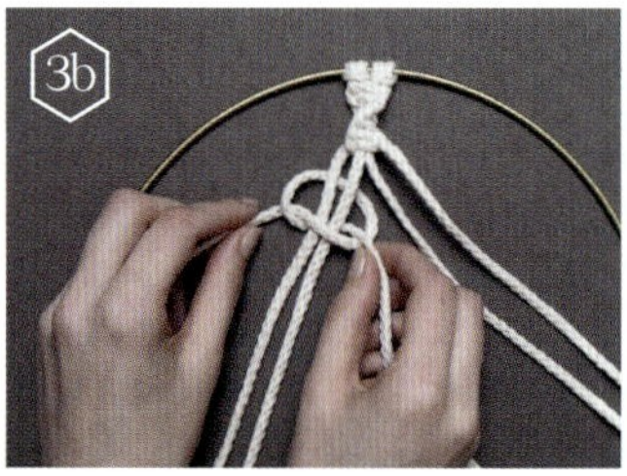

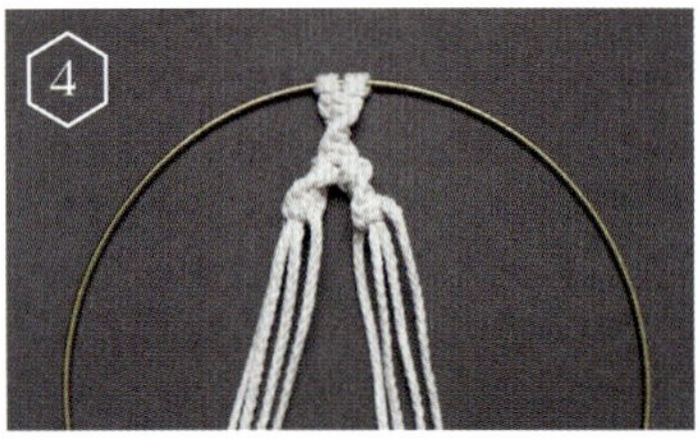

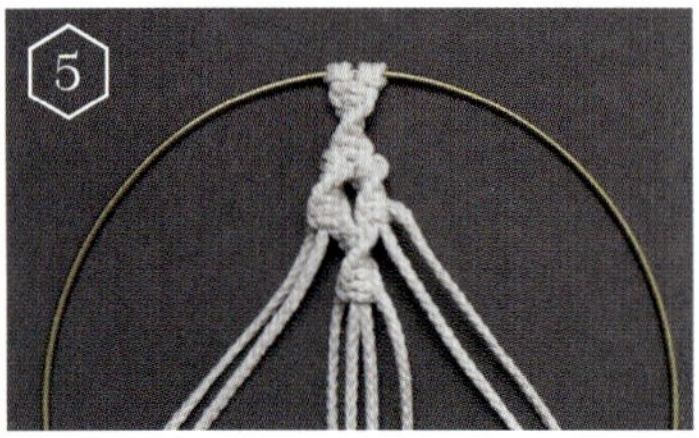

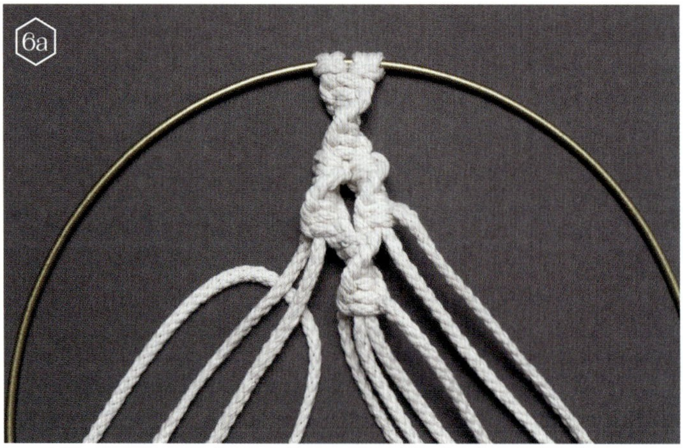

7. Wiederholen Sie die Schritte 3–6 bis Ihr Tannenbaum aus insgesamt acht Reihen gedrehter Stränge besteht. Dazu knoten Sie in jeder Reihe an den jeweils beiden äußeren Strängen mit einem extra Faden einen gedrehten Strang. Diese extra Fäden werden in jeder Reihe 25 cm kürzer zugeschnitten als die Reihe zuvor. Schneiden Sie also für die 4. Reihe 2,75 m lange Fäden zu. Mit den restlichen Fäden einer Reihe knoten Sie versetzte, gedrehte Stränge. Sie werden so in jeder Reihe einen gedrehten Strang mehr knoten, sodass sie in der 8. Reihe acht gedrehte Stränge knoten.

8. In der 8. Reihe werden Sie merken, dass mittig noch ein bisschen Platz bis zum Ring ist. Diese Lücken werden durch weitere versetzte halbe Kreuzknoten gefüllt. Legen Sie auf beiden Seite die jeweils sechs äußeren Stränge zur Seite. Mit den restlichen Strängen fünf kurze gedrehte Stränge knoten, bis Sie den Ring erreichen. Tendenziell werden Sie für den mittleren gedrehten Strang mehr halbe Kreuzknoten knoten müssen. Ich musste folgende Anzahl an halben Kreuzknoten pro gedrehtem Strang knoten, um die Reihen bis zum Ring zu erweitern: 2, 3, 4, 3, 2.

9. Mit allen Strängen eine Reihe Rippenknoten um den unteren Teil des Rings knoten. Der Ring dient als Trägerfaden und liegt beim Knoten auf den Arbeitsfäden. Schieben Sie die geknoteten Rippenknoten immer wieder eng zusammen.

10. Führen Sie alle Stränge mittig zusammen und knoten Sie einen Wickelknoten mit einem 80 cm langen extra Faden. Ziehen Sie nach dem Knoten vorsichtig an jedem Faden, um die zusammengeführten Stränge zu sortieren und Schlaufen zu eliminieren.

11. Tassel nach Wunsch zuschneiden und den Ring mithilfe eines Nylonfadens aufhängen.

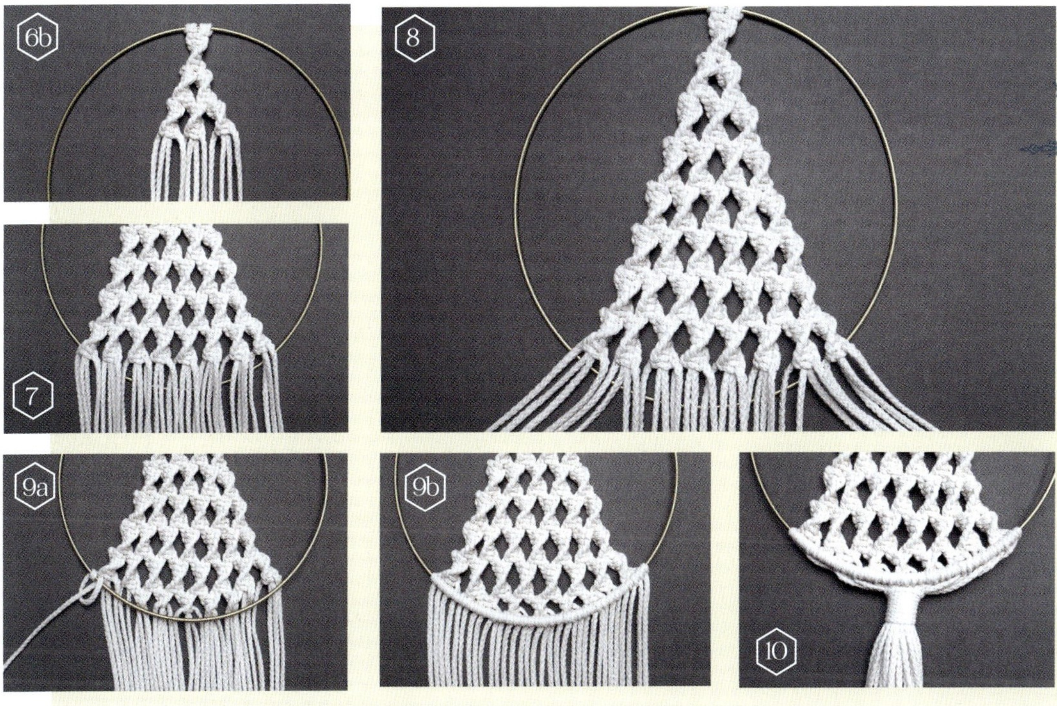

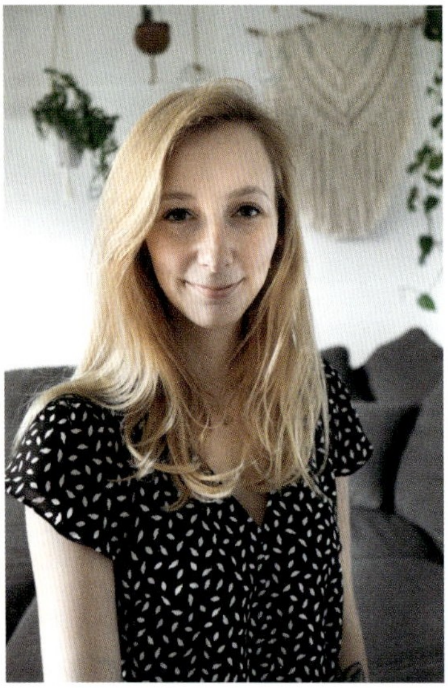

Josephine Kirsch Ich bin DIY-Bloggerin auf Yeah Handmade und teile meine kreativen Ideen zu den Themen Dekoration, Geschenke, Makramee & Co. Auf meinem Instagram Account @yeah_handmade lasse ich meine Leser an meinem kreativen Chaos teilhaben. Schon in meiner Kindheit habe ich Armbänder geknüpft, doch erst durch den wiederkommenden Makramee-Trend in den letzten Jahren, bin ich der Technik komplett verfallen. Ich probiere mich gerne an neuen Mustern und Formen aus. Makramee ist die perfekte Entschleunigung für mich.

Danke Wir bedanken uns herzlich bei Seilwerk Paul Dittus GmbH (www.pferdeseile.de, Instagram @makramee_madeingermany), Rayher, Rico Design, sowie Buttinette für die freundliche Bereitstellung der Materialien.

IMPRESSUM

Fotos: frechverlag GmbH, 70499 Stuttgart; lichtpunkt, Michael Ruder, Stuttgart (Modellfotos Seite: 19, 23, 25, 27, 31, 32, 35, 39, 43, 45, 47, 51, 53, 59, 63, 65, 69, 73, 75, 79, 83, 85, 87, 89); Josephine Kirsch (alle übrigen)
Produktmanagement und Lektorat: Laila Prota, Jana Hartling, Sonja Fakler
Gestaltung: Tatjana Weiß
Druck: Livonia Print SIA, Lettland

2. Auflage 2021

ISBN 978-3-7724-4567-5 • Best.-Nr. 4567

Sie wollen Makra**mehr**?
Dann könnten Sie diese Titel interessieren:

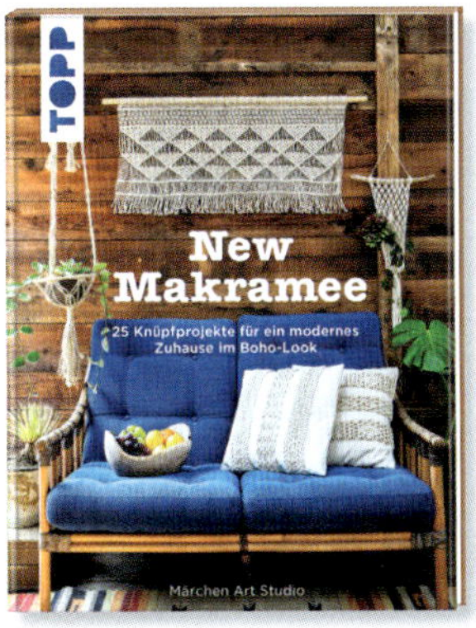

978-3-7724-5097-6

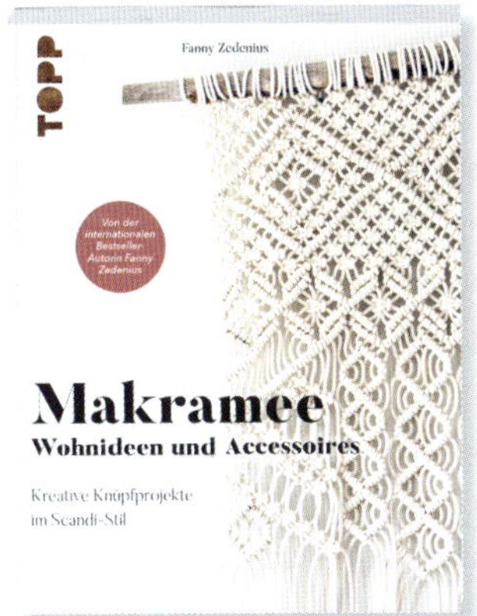

978-3-7724-4594-1

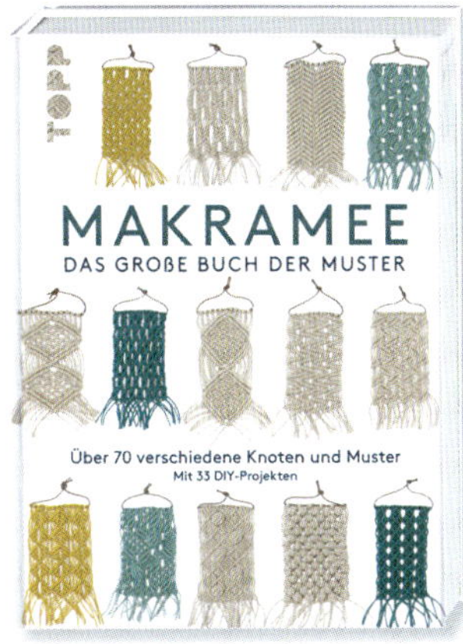

978-3-7724-4494-4

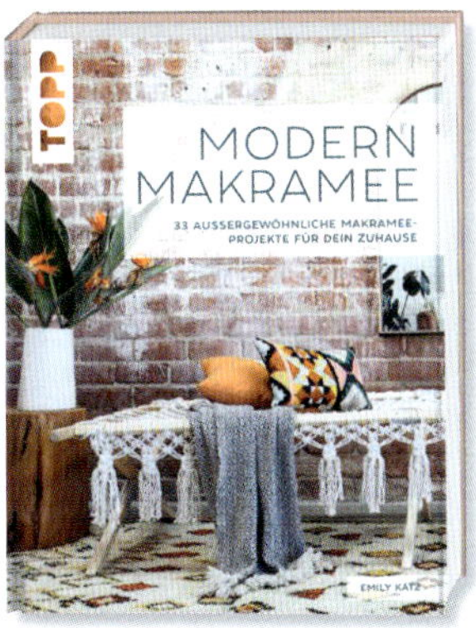

978-3-7724-4552-1

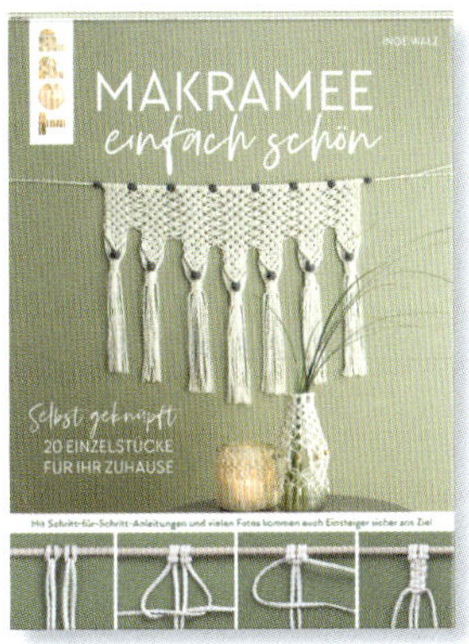

978-3-7724-4553-8

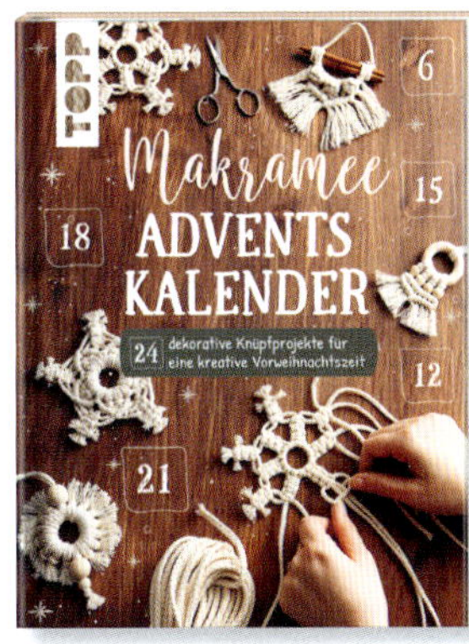

978-3-7724-4597-2

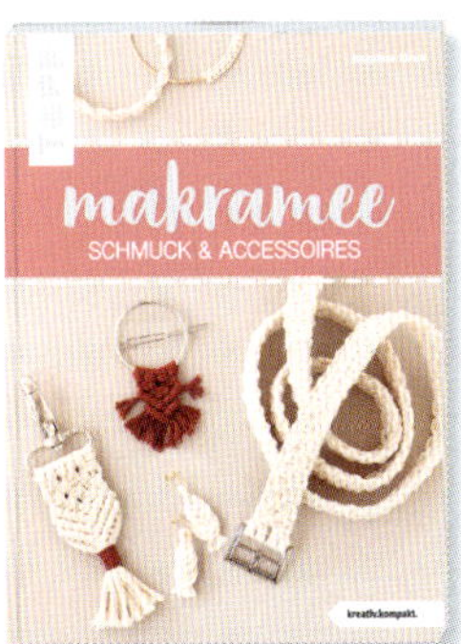

978-3-7724-4384-8

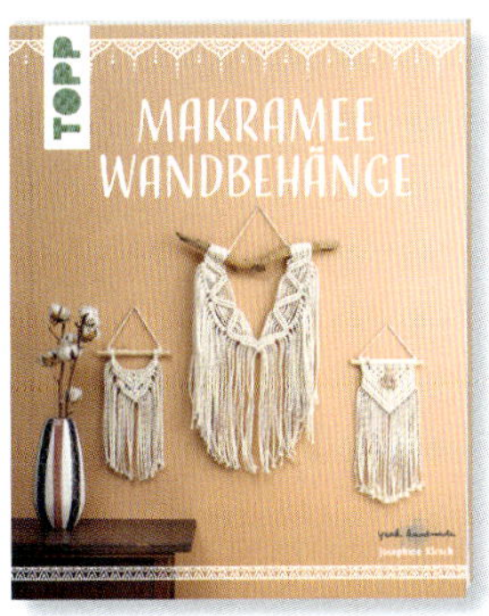

978-3-7724-4438-8

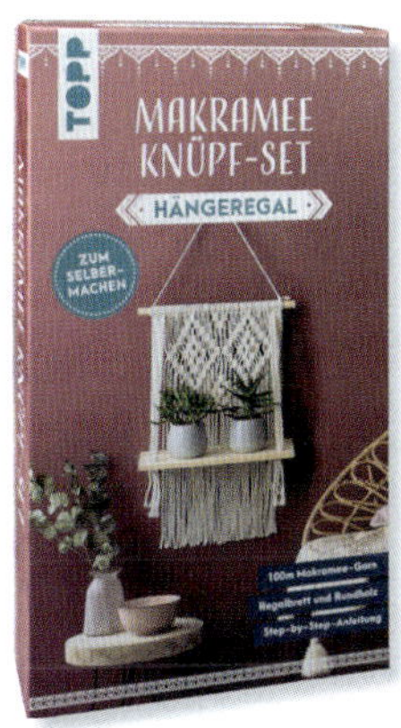

4007742182120

Noch mehr Kreativ-Bücher findest Du auf www.TOPP-kreativ.de